马社强·主编
罗红侠·编著

镜花风月

咸阳博物院铜镜集萃

上海科学技术出版社

图书在版编目（CIP）数据

镜花风月：咸阳博物院铜镜集萃 / 马社强主编；罗红侠编著. -- 上海：上海科学技术出版社，2024.7.
ISBN 978-7-5478-6720-4

Ⅰ．K875.24

中国国家版本馆CIP数据核字第20245V5V66号

镜花风月——咸阳博物院铜镜集萃

马社强　主编
罗红侠　编著

上海世纪出版（集团）有限公司
上海科学技术出版社　出版、发行
（上海市闵行区号景路159弄A座9F-10F）
邮政编码201101　www.sstp.cn
上海雅昌艺术印刷有限公司印刷
开本787×1092　1/16　印张17.25
字数300千字
2024年7月第1版　2024年7月第1次印刷
ISBN 978-7-5478-6720-4/G·1248
定价：320.00元

本书如有缺页、错装或坏损等严重质量问题，请向工厂联系调换

编委会

主任	马社强
副主任	丁 伟
编委（以姓氏笔画为序）	王 巍　王亚庆　王宣懿　田小华　刘晓华 朱 婷　边永峰　李 青　李文娜　李 超 陈小刚　苏 丹　张 静　张延峰　张淑妮 董养库　谢军美　谢 莹
主编	马社强
副主编	丁 伟
编著	罗红侠
摄影	刘晓东

序

咸阳是中华古代文明的重要发祥地之一，历史悠久，人杰地灵。咸阳位于关中平原的腹地，泾渭两河横穿其间，几千年前先民们就在此繁衍生息。咸阳是秦代的都城，汉唐的京畿之地，有着深厚的历史文化底蕴。古老的文明，悠久的历史给这块广袤的土地留下了丰厚的遗存。西汉11座帝陵，其中9座葬于咸阳，唐代18座帝陵中半数位于咸阳地区，咸阳境内文物景点多达4 000多处，既有众多帝王将相、达官贵族陵墓，又有大量的古遗址、古建筑，文化遗存丰富，是国家级历史文化名城。

咸阳博物院于1962年建馆，是国家一级博物馆，3A级旅游景区，是重要的文物收藏、研究、展示单位，省、市爱国主义教育基地。馆藏文物资源丰富，种类繁多，藏品约16万余件，其中珍贵文物5 000余件（组），以秦汉至隋唐文物为主，数量多、等级高。除了享誉中外的"西汉三千彩绘兵马俑"、代表汉代玉雕最高水平的"渭陵玉器"等诸多珍贵文物外，还收藏了体现咸阳古代文明的大量铜镜。

铜镜是古代人们照面用的生活用具，伴随着青铜文明的发展而出现，是青铜工艺发展史上的一颗明珠。起源于齐家文化，至今已有四千多年的历史。铜镜的发展经历了3个高峰期，即战国、两汉和隋唐时期。咸阳博物院自建馆以来，先后通过发掘出土、馆际交换、官方移交和社会征集等方式收藏铜镜近400面。这些铜镜时间跨度从战国一直延续到明清，历史谱系较为齐全。战国时期铜镜数量虽少，但具有同时期铜镜的典型性。秦建都咸阳，以弦纹镜居多。汉唐是铜镜发展的鼎盛期，咸阳又是汉唐京畿之地，所以西汉和唐代铜镜出土数量多、等级高、种类全、纹饰精美。东汉迁都洛阳，政治、经济、文化中心东移，咸阳出土的东汉镜数量相对减少。宋代铜镜镜体多轻薄，颜色灰黄，新出现了带柄铜镜、人物故事镜。金代铜镜中最具代表性的是双鱼镜、承安三年铸镜。元代铜镜总体形制纹饰粗糙

简陋，式样较少，但也有好作品，可以说是"粗者甚粗，精者颇精"。如四凤牡丹纹铜镜，采用高浮雕铸造工艺，制作精致，纹饰饱满富丽，布局紧凑，器形硕大且厚重，是铜镜中难得的精品。明清是铜镜发展的尾声，清中期以后，随着玻璃镜的引入和传播，铜镜逐渐退出历史舞台。

本书作者对馆藏的铜镜进行了全面梳理，对形制、纹饰、镜铭等内容从绘画、书法、美学、文学方面作多角度研究，对每一面铜镜所蕴含的文化价值进行了深度地挖掘和解读，对所选铜镜的时代按照古代技术规范及工艺技术演变进程，进行了确定。在挑选文物上，不但挑选了战国、秦汉、隋唐、宋金元明清各个时期图案精美、制作精良、时代特征明显的铜镜，也挑选了一批能够反映当时铸造工艺、造型特点及纹饰演变的铜镜，包括当时的残次品，以此说明铜镜演变发展的历程。如图2的弦纹镜，素面无花纹，镜钮明显偏心，观赏性稍欠，但偏心的原因是战国铜镜镜钮采用"分型嵌范"的工艺技术。图24的日光镜，直径小而镜钮体积超大，镜体残破，但它是日光镜的早期作品，能说明日光镜演变过程。图109的简易线条纹镜，镜钮孔处有一残缺，应是当时的一件次品。此镜毛坯铸好以后，在敲毛刺时，被毛刺带掉了一部分，形成了现在看到的残缺。

铜镜虽小，但造型精美、形式多样、图案华丽、寓意深刻，它以自身独具的艺术特色，在琳琅满目的文物之林中，占据着显著而重要的位置，反映了中国古代各个时期物质文明和精神文明的发展水平，仿佛一本无字的史书，记录了中华文明数千年的发展。希望此书的出版，能为热爱收藏鉴赏和研究铜镜的人士提供帮助，为热爱文博事业的工作者提供参考，为向广大群众宣传、普及文物知识提供资料。希望本书的出版发行，让大家更加了解和热爱咸阳，热爱中华优秀传统文化，欣赏铜镜之美，汲取历史智慧，为咸阳文博事业高质量发展增光添彩。

马社强

咸阳市文化旅游局党组成员
咸阳博物院院长
2023年9月

前言

作为古代人们日常生活用品的铜镜,在中国使用了数千年之久。研究古代各时期铜镜的流行品种,需要考察众多的古代铜镜标本。有幸受咸阳博物院同行的委托,给即将出版的《镜花风月——咸阳博物院藏铜镜集萃》图录写前言,看到了大量的铜镜遗存,也使本人同时得到了一次深入学习的机会。

陕西是华夏族的重要发祥地之一,长安又是汉族发端的中心地区。咸阳地处陕西关中中部,属于西汉都城长安的京畿地区。世代生息在这里的先民,本就有着十分厚重的华夏文明的文化传承,在这里出土大量汉唐铜镜的遗存,是理所当然的。

在本图录中,共收录各个历史时期铜镜205面。其中,图1至图2为战国镜,从图3至图150的大吉利镜为两汉镜,共148面。从图151的"光正随人"四乳四叶纹镜至图157的照日菱花狻猊镜为隋镜,共7面。从图158的瑞兽葡萄镜至图179的减地人物树木花鸟纹镜为唐镜,共22面。从图180以后至图204的铜镜,共25面,皆为宋辽金元及明清铜镜。在咸阳地区出土众多西汉镜,这是符合历史事实的。从本书铜镜时代的排序看得出,咸阳博物院的同行是经过了长期大量研究后,按时代技术规范及古代工艺技术的演变进程排列出来的顺序。

自公元前202年刘邦在长安建立西汉政权至公元8年王莽篡汉止,西汉在长安延续了210年之久。从本图录中可以看到,以西汉镜为多。东汉在雒阳(今洛阳)建都也说明,政治中心的东移使得咸阳出土东汉镜的数量减少,也是理所当然。

从著录的这些汉镜中,我们可以看到西汉早期的先民,是怎样逐步摆脱了战国镜那种较为复杂的工艺思想,逐步完成了操作工艺的简单化及平民化,最终在文景时期,使得铜镜实现了商品化而进入市场,从而逐步进入寻常百姓家。

除山西地区外,大多数战国镜的形制有5个基本特征,分别是一、平面;二、弦式钮(包括二弦、三弦、四弦及五弦钮);三、地纹上叠压主纹;四、地纹有单元纹饰范拼

兑痕；五、内凹式卷缘。而在出土文景之前的西汉早期铜镜的形制，基本都具有战国镜5个特征中的4个，即平面、弦式钮、地纹上叠压主纹、内凹式卷缘。唯独不具有地纹中单元纹饰范的拼兑痕迹。不论有无主纹，而地纹中有无这些拼兑痕迹，正是区分战国镜与西汉早期镜的基本特征。图1为羽状地纹镜，此镜只有地纹无主纹，可以看到，地纹是由约180个基本一样的羽状地纹组成，亦可看到地纹中有方形的格子线。这些格子线，就是战国青铜器纹饰中普遍存在的单元纹饰范拼兑痕迹。

图2是弦纹镜，在此图中，可看到镜钮明显偏心。从山西侯马东周铸铜遗址出土的镜模上，可看到模上没有镜钮，而从同遗址出土的镜范上，又可看到镜范中心的钮范是活动的，可以取下来，明显是被夯嵌到镜范中的。从侯马出土的镜模及镜范看，都可以说明战国在制作镜模时，模中心没有设置镜钮。同时也说明，镜钮的范是单另制作的，这是战国时期铸造铜镜的普遍工艺。所以，我们在战国铜镜钮的周边，较容易找到一周嵌钮范的痕迹。钮范是活的，就容易出现偏心，而这样的钮偏心现象，在西汉及其以后的铜镜上没有发生，是因为从文景以后，在西汉铜镜的制作工艺中，把镜钮固定在了镜模的中心，那么西汉建立至文景之前的铜镜，可能还有钮偏心的现象，文景以后的铜镜，即使想铸造出偏心的钮，已经不大可能了。在战国时期铸造铜镜的工艺中，镜钮是采用了分型嵌范工艺，即先制作出钮范，将钮范安置在镜模中心，将泥料敷在镜模上并将钮范埋在泥料里面夯制镜范，在夯制过程中，钮范较容易被移位。这种工艺，就容易造成镜钮偏心。所以，在出土的战国镜中，十之八九都存在镜钮明显偏心的现象。

在西汉早期的铜镜中，各地出土有许多铜镜看似战国镜。如图3、图6、图7、图9、图10、图11、图12等，这些铜镜多具有平面、弦式钮、地纹或地纹上叠压主纹、内凹式卷缘等战国镜的基本特征。而将这些铜镜判为西汉早期镜的直接原因有两个。其一是进入西汉以后，已经将镜钮固定到镜模的中心，这是一个铸镜技术上的进步，再也不需要单另制作钮范了，更不需要采用嵌范工艺。所以，在西汉镜钮的周边，再也看不到钮范的嵌范痕迹了。其二是因为在这些铜镜的地纹中，不存在单元纹饰范拼兑痕迹，也就不存在那些方形或长方形的格子线条了。这些现象说明西汉早期已经不再采用战国铜镜纹饰制作的工艺思想，彻底抛弃了战国那种制作单元纹饰模，再在模中夯制单元纹饰范的复杂工艺过程，更不需要将许多完全一样的小块单元纹饰范拼兑成需要的面积，而是直接在阴模上制作地纹。

以上举例铜镜属于西汉早期。这些铜镜的时代，早到西汉初，晚到景帝时期，与日光镜、昭明镜、四乳四虺镜等基本同时在制作，可看作是在制作老的铜镜形制期间，新的镜种也在同时期不断地被创新出来，属于一个新老镜种的交替时期。由于战国那种老形制铜镜制作工艺特别是制模工艺相对复杂，工期长，在西汉早期逐渐被新镜种取代。这些新镜种制作工艺简单，省工省时省成本，因此新镜种取代老形制，是历史的必然。与此同时，在被接踵而来的新镜种彻底取代过程中，也给我们留下了一些中间过渡产品。如图14、图15的长毋相忘镜、图17的四乳圈带镜、图19长毋相忘镜及图20的四乳连弧圈带镜等。可看到，这些铜镜基本还保留了平面、弦式钮、内凹式卷缘等3个战国镜的特征，但镜钮已经被固定在镜模上，在这样的模上夯出的范，再不会出现钮偏心，并且大多已经抛弃了地纹。这是一个艰难的选择，也是一个时代的进步。

在中国古代铜镜遗存中，战国镜的比例较小。阻碍战国镜发展的原因，固然有社会动荡、政治不稳及意识形态的因素，但最主要的原因是地纹的制作，以及镜钮的制作，给战国镜的发展增加了相当大的技术难度。从山西侯马出土的陶模及陶范看，地纹的制作工艺是先雕出一个阴的纹饰单元，阴干后，用这个纹饰单元翻出一个单元纹饰模。待阴干并烧成陶模，才可以用这个单元纹饰模翻出许多一模一样的单元纹饰范。将这些单元纹饰范拼兑成需要的面积，修成圆形成为阴模，再在拼兑后的阴模上直接制作主纹，待阴干后翻成阳模，再待阳模阴干并烧成陶模后，才可以翻镜范。这中间几次阴干的时间，就已经超过了半年，镜钮范则又需要单另制作，这里包括制作弦式钮、翻钮范、制作泥芯并将泥芯安置在钮范中等工艺。由于地纹及钮范制作工期长，且工艺复杂，要求操作者水平高且熟练，并非正常人看一遍工艺过程就能够操作，而是需要相当长时间的操练。这是战国时期铸造青铜器纹饰的普遍工艺，铜镜也不例外，这些工艺很大程度上滞后了战国铜镜的发展速度。

西汉早期，将延续了数百年的铜镜地纹彻底抛弃，应当是西汉早期市场竞争的结果，是发展社会经济的需要，也是西汉早期铸镜工匠明智的选择，更是西汉铜镜高速大发展的必要前提条件。扔掉地纹的制作，以及扔掉弦式钮的制作后，就等同于甩掉了两个大包袱，使西汉早期铸镜工艺得以轻装上阵。所以，西汉铜镜的无地纹，以及半圆钮的出现，标志着铸镜工艺中一个新时代的开启。西汉早期的工匠，靠着陶车机械造型加圆规几何造形，创造出了全新的铜镜制模新工艺，战国那种复杂的纯手工制模工艺被淘汰。

图23的服着君王镜，可看作是在摸索

前进中迈出第一步的一个中间产品。此镜虽然还保留了平面及内凹式卷缘，但已经没有了地纹，也没有了弦式钮，却有了柿蒂纹钮座，更铸造出了半圆钮。至此，战国的弦式钮在西汉早期即将退出历史舞台。半圆钮在西汉的普遍出现，可看作是中国古代铸镜史上的一个里程碑。对于铸镜工艺而言，半圆钮被广泛使用，标志着一个新时代的到来，因为内凹式卷缘的铜镜，浇铸后的补缩功能太差，只能配弦式钮。如果铸造半圆钮，镜缘就必须加宽及加厚。而半圆钮的诞生，就标志着战国那种内凹式卷缘已经完成了历史使命，必须退出历史舞台，给铜镜形制的创新扫清了障碍。

从出土的镜范得知，古代铜镜是立式浇铸，这样有利于浇铸后的压力补缩。从现代铸造学的原理看，此镜的形制设计并不合理。铜合金具有热胀冷缩的性质，浇铸时，铜液是膨胀了体积的物质，浇铸后在冷却阶段，其体积会收缩还原到膨胀前的体积。在铜液收缩过程中，需要有铜液来补缩。如果没有，毫无疑问会出现铸造缺陷。半圆钮体积比弦式钮的体积大数十倍，这就意味着浇铸后镜钮的补缩需求量远大于镜缘。钮处在镜体的中心，由于内凹式卷缘较薄，浇铸后，早于镜钮凝固的镜缘，已经不具有给镜钮补缩铜液的功能，镜钮处会出现大面积缩孔。所以，后来的新镜种凡铸造半圆钮铜镜，普遍将较薄的内凹式卷缘，改成了宽厚的镜缘，使得镜缘的凝固晚于镜钮，这样就解决了浇铸后的压力补缩问题。因此，在出土的西汉早期铜镜中，凡具有半圆钮的铜镜，很少具有内凹式卷缘的原因。从西汉早期开始，半圆钮在绝大多数铜镜上一直使用到清代。这说明，半圆钮的制作工艺，以及其使用性能，都远胜于弦式钮。

西汉早期，由日光镜带头，镜面开始有些微凸，在北方广大地区的出土量相当大。在百种西汉镜品种中，只这一个镜种的出土量，就远超全国出土所有战国镜的总和。

从图 24 的日光镜可以看到，除了镜缘还保留了战国镜的内凹式卷缘外，其他战国镜的基本特征都不存在了。从形制看，此镜是创新过程中的一个过渡产品，可看作日光镜的早期作品。与前面图 23 的服着君王镜一样不合理，而这枚日光镜的形制设计更不合理。这个半圆钮的体积超大，铸造时容易出现铸造缺陷。所以，在以后的铜镜中，再也看不到内凹式卷缘配半圆钮的情况了，特别是配大体积的半圆钮，更是少见。因此，以上两镜皆可判为半圆钮初始阶段的产品，是十分难得的遗存。

在图 25 至图 31 的日光镜中，可以看到一个规律，即镜缘越来越宽且越厚，镜钮越来越小。越宽厚的镜缘及越小体积的镜钮，更有利于合金在凝固收缩时的补缩效应，更符合自然法则。日光镜及昭明镜的缘与钮的比例，终于得到规范，以致影响到四乳四虺镜、家常富贵镜、草叶纹镜等铜镜的制作。紧跟日光镜同时期创新的昭明镜，与日光镜的情况完全相同。在图32至图45中，可看到早期昭明镜的镜缘也较窄，应该是吸取铸造缺陷的教训，镜缘越来越宽。例如图46的涷制铜华镜、图50的铜华昭明镜及图56的日有熹镜等，只是由于这些铜镜的铸造时代稍晚，工艺技术已经成熟，所以再也看不到这些铜镜具有很窄的镜缘了。

如果说战国镜是商品，可能证据不足，而文景时期的铜镜进入市场，却是千真万确的事实。在这个时期铜镜的铭文中，出现了许多广告词。如：见日之光天下大明、内清质以昭明、避除不祥宜古（贾）市、涷制铜华清而明等。在图56的日有熹镜铭文中，铸有"日有喜，月有富，乐无忧，常得意，美人会，芋瑟侍，贾市利，万事平"等字，如果用现代汉语来形容，就是天天有喜事，月月获财富，人们生活在快乐无忧的环境中，常常以得意的心情，享受着美人侍者吹竽弹瑟，而其中"贾市利，万事平"则是说自己铸的镜受到欢迎而利市，不但说明了市场的繁荣，又歌颂了人们生活在太平盛世。通过这段铭文对当时社会形态的描述，说明了铸镜工匠安居乐业的心情。

四乳四虺镜，也是文景时期的创新品种，在咸阳的汉阳陵就有出土。从图57至图62的四乳四虺镜中，可看到都是较宽的镜缘，说明这个镜种的创新时间晚于日光镜。处在这个时期创新的，还有图63的卷云纹镜、图64的家常贵富镜、图65的宝乐富昌镜等。稍晚，四乳八禽镜被创新出来。在图68至图69中，可看到四乳八禽镜都是宽缘。这种铜镜在全国其他地区博物馆也有藏品，基本也是宽缘。

从西汉中期到晚期，逐渐创新出来一种以乳钉分区的纹带镜。这种镜早期的产品是四乳纹带镜，随着技术的不断提高，逐渐创新出来五乳、六乳及七乳纹带镜，其共同点，就是在钮座外都有一周圆形的平顶凸棱。根据技术发展进程看，在乳钉纹带镜中乳钉越少，时代越早。文景以后四乳纹带镜的创新，是一个了不起的开端，其开创了中国古代绘画中白描技法与铜镜纹饰的结合，使得中国古代华夏文明的传统文化，在铜镜上以线雕的形式展现出来。在此之前的四乳四虺镜，其纹饰也是线雕，但四乳四虺镜的纹饰排列是四组纹饰完全相同，是对称的、机械的，还没有摆脱战国以前青铜器纹饰的几何造形思想，可被看作是几何造形。而四乳纹带镜的纹饰，则是打破了机械的对称排列概念，出现了形象各异而具有传统文化内涵的美术作品。如图71中的四乳四神镜，就属于四乳纹带镜中的一个早期产品。在此镜的纹饰中，可看到已经把代表方位的四神,即青龙、白虎、朱雀、玄武以线雕形式体现出来而形态各异。认定其为早期产品的理由有四,其一,镜体小,直径只有12厘米。其二,乳钉少,只有四乳。其三,宽平无纹的素缘多为早期产品。其四,纹饰的构图绘制,显得笨拙而不成熟。此镜铸造上虽完好,但纹饰的排列方位出现了错误。

我们知道四神各有固定的方位,比如青龙代表东方,顺时针以此类推为南方朱雀,西方白虎及北方玄武。根据这一概念再来看此镜四神的方位,就会发现青龙和白虎的位置颠倒了。上述四神方位错位的现象不是孤例,在汉代的四神博局镜中屡见不鲜。如果说,铸镜的工匠故意将青龙与白虎的位置设计反,这几乎不大可能,应该是设计过程中操作有误造成的结果。如果读者亲手去操作体验制模的过程,也许就会明白纹饰错位的原因。

西汉制作镜模是先制作阴模,在阴模表面绘制四神纹饰时,需要左右反方向绘制,如左青龙、右白虎,就必须在阴模上绘制成右青龙、左白虎,上下的朱雀和玄武不需要反向绘制。当这样绘制并刻好纹饰成为阴模时,模上的纹饰是阴线条,在这样的阴模上翻制出的阳模,四神纹饰就会被翻制成为阳纹,四神就会成为正确的方位,即左青龙、右白虎、前朱雀、后玄武。这样的解释,在没有从事过范铸工艺的人眼里,或许难以理解。这里,用每个人的双手举个容易理解的例子,用以说明反向思维原理的逻辑。将自己的右手五指岔开手掌向上,暂时当作已经刻制好的阴模,且将右手的拇指当青龙的位置,小指当白虎的位置,此时阴模是右青龙、左白虎,方位是反的。将左手掌五指岔开对称压在右手掌上,当作即将要翻制的阳模,将手掌反转180°,左手手掌向上移开右手,这时的左手就等于是阳纹饰的阳模,而左手的拇指成了青龙,小指为白虎,就会呈现出正确的四神方位,即左青龙、右白虎。在制作阴模以前,操作工匠就应该想到这些问题,这就是范铸工艺中的反向思维。

只要阳模上四神纹饰的方位没有问题,在正确的模上翻出的范,纹饰一定是反的,但铸造出的铜镜,其纹饰就还原成正的了。如果绘画工匠不了解范铸工艺的反向思维,在阴模上绘制四神纹饰时,按正确的方位绘制并刻纹,那么在这个阴模上翻出的阳模,就会出现与此镜完全一样的纹饰错位现象。以此现象可得出一个观点,那就是在西汉的铸镜工艺中,模上线雕纹饰的绘制,是由具有绘画技能的工匠进行,而绘画工匠不一定懂范铸工艺,更不一定具有范铸工艺的反向思维概念。需要经过几次教训,才能树立起牢固的概念。所以,会有一些反方位的纹饰被流传下来。

六博,是战国至西汉时期流行的一种赌博的方式,其博具是六博盘,盘上画的图案就是这里所谓的博局纹。博局图案本是3种不同的几何符号,即"T""V""L"纹。制作铜镜的工匠如果完全没有绘画动物的技能，那么将博局作为纹饰绘制到镜模，则是简单可行的办法。在阴模上绘制博局纹，既不需要绘画技能，亦不需要文化水平，只需要有直尺和圆规，就可顺利操作。图73中的云纹博局镜，就是这样的产品。

四神和博局，本是两个不相干的纹饰形象。把四神与博局分散配合，结合成一个完整的画面，是西汉时期的又一个文化创新，图72的四神博局镜就是一例。此镜中的四神纹饰笨拙，而四神方位准确，由4个小乳钉分区，最关键的是将博局纹均布定位在外圆内方的纹饰区中，用机械制图与传统文化的结合，是需要智慧的。从布局看，此镜纹饰既采用了圆规，又采用了绘画构图。纹饰中的方框、乳钉、"T""V""L"纹都是圆规定位，手工是做不到的。定位后的地张，由绘画工匠来填空。圆规画出的所有纹饰，都属于几何造形，而四神纹饰的绘制，则属于绘画造形。这枚铜镜的制作，当是几何造形与绘画造形结合的初级产物。虽然此时还没有将天干地支配入方位，但已形成了四神博局镜最基本的概念。钮孔设为了南北向，说明此镜的绘画师既熟悉中国传统文化，又了解范铸工艺的反向思维。因此，这枚铜镜可视为西汉四神博局镜的早期形态，是研究四神博局镜发展的一个早期标本。

西汉早期，是西汉铜镜线雕艺术的开端时期，也是中国古代铜镜大发展、大创新的高峰时期，其历史背景就是"文景之治"。这一时期铸造出了大量前所未有的镜种，全国各地出土量较大的草叶纹镜、星云镜及一些重圈铭文镜等，就是这个时期的主要创新产品。在创新过程中，与草叶纹镜同时铸造的，还有四乳四龙镜，四乳双龙镜，四乳龙虎镜，四乳花卉镜等线雕纹饰镜。图74至图80就属于草叶纹镜以外的这类铜镜，可看作是新镜种创新过程中的一些附属产品。

图81至图103，是草叶纹镜和星云镜。从纹饰看，草叶纹镜和星云镜的镜缘，绝大多数是16个内向连弧纹，是4的倍数。这些均匀的内向连弧如果都用手工直接画出来，这是很难做到的。毫无疑问，皆是采用圆规制图画出来的。包括后来的一些具有内向连弧的铜镜，如图116至图129之间的各种铜镜，其内向连弧的数量也都是4的倍数。这种采用直尺和圆规的构图操作简单，不需要操作者具有多么高的文化水平，可先用圆规在平面上画一个圆，圆心会自动产生出一个中心点。用直尺逼着中心点画一条长线，这条线就会通过圆的两个边产生出左右两个交点，将圆分成了二分。把圆规稍掰大超过半径，将圆规的一头扎在左边的交点上，圆规的另一头在圆以外的上下各画一个小弧线，然后再将圆规的一头扎在右边的交点上，圆规的另一头仍然在圆以外的上下也各画一个小弧线，这样就会在圆以外的上下形成两个新的交点。用直尺逼着两个交点画一条直线，这条直线会与第一条直线呈垂直状态，这时圆就被分成了四分。一个圆由一

分变二分再变四分这样整倍的分割，反复这样的操作，就可以将一个圆分成八分、十六分、三十二分。即使从来没有用过圆规的人，只需要在现场看一次别人分割等分的操作，自己就可以顺利地使用圆规了。常言道：没有规矩，不成方圆。这里的规和矩，其实就是圆规与角尺，至于圆规在中国古代使用的历史，可能早到商周甚至更早，并非汉代发明。这里用篇幅来说圆规，是因为圆规对西汉铜镜的创新，着实起了巨大的作用。

历来有将博局镜称之为规矩镜者，只是不知道这里的规矩，是指铜镜纹饰中的规矩？还是指这种铜镜制作的规规矩矩？在这里，我们需要理清两个概念，其一，规和矩分别是两个绘图用的工具，即伏羲与女娲手中各执一件的规和矩。其二，除是绘图工具外，规矩同时又是社会中的一个哲学名词。一个和谐的社会，人们受到各种规矩来约束，否则就不能成为和谐社会。比如法律法规、规章制度、各种工艺操作规范、今天的"合同"甚至"游客须知"等，这些都可称之为规矩。国家有国家的规矩，各地有各地的规矩。在日常生活中，工厂有工作的规矩，做生意有市场的规矩，即使娱乐亦会有娱乐的规矩。相传韩信发明了象棋，两个人下象棋时，都必须遵循马走日、象走田、车走直路炮翻山的规矩。凡此种种，才会出现"没有规矩不成方圆"之说。司马迁说："人道经纬万端，规矩无所不贯。"自古以来，是各种规矩在指导着人们的行为规范。各种

规矩在中国人的心中，已经形成了潜意识。司马迁所说的规矩，显然是指具有双重含义的规矩。由此看来，战国时期的博局盘，就是社会意识形态的一种体现。而西汉先民将博局纹植入铜镜纹饰，当是受"规矩"双重含义的影响，使得人们的社会意识越来越强烈。

不论草叶纹镜还是星云镜，其纹饰包括内向连弧及草叶纹和星云纹，皆属于几何造形，只需会使用圆规就可以绘制，无需绘画技能。其制作技术门槛低，这也是草叶纹镜和星云镜出土量大的原因。其中图103，可认为是一个星云镜模的半成品翻出范后浇铸出的铜镜。

西汉的铜镜，如果按正常的合金配比熔炼青铜，铸造出来的铜镜毛坯，正常情况下表面是黑灰色。铸后毛坯经加工至成品后，当为银白色，与现代的玻璃镜基本一样。由于西汉铜镜已经进入市场，且黄河流域及长江流域的广大地区都有铸镜，在这种千篇一律的银白色前提下，市场促使了创新。因此，在西汉的铜镜中，我们可以看到一些彩绘镜及鎏金镜。这里重点讨论西汉时期另一种铸后经过颜色处理的铜镜。

图105是四乳纹带镜，双线波折纹及波折纹的地张为白色，其余镜背皆为黑色。而图106镜不但镜缘的纹饰为白色，纹饰区中的青龙、白虎、朱雀、玄武亦为白色，其余为黑色。再看图107镜，情况大致相同，都是由于颜色对比而形成了反差。如这样黑

白分明的铜镜，在全国其他地区也常能见到，多为西汉镜，又以乳钉纹带镜为多，如四乳纹带镜、五乳纹带镜、六乳纹带镜、七乳纹带镜等。如果说，是由于埋藏环境自然锈蚀形成的结果，则难以使人相信。唯一的解释，是当时的工匠专门制作出了黑白分明的视觉效果，用以在激烈的市场中提高竞争力。如果将铜镜拿在手中仔细观察，不难发现黑与白的交界处，往往有许多用毛笔涂抹的痕迹，说明黑处是经过毛笔蘸着某种液态物质涂抹后变黑的。如果采用现代设备，对纹饰中的黑处及白处分别进行化学成分的检测，就会发现，黑处的锡含量，都明显高于白处。这样的检测结果，可能会与正常的逻辑思维正好相反。其实早在战国的一些青铜剑及青铜矛表面，就可看到用毛笔涂抹成黑色的线条纹饰。所以，此项技术并非西汉的发明，西汉的先民，只是继承了战国的技术。那么，西汉的铸镜工匠到底涂抹了什么物质？怎么样使得纹饰变黑？这还需要后来者作进一步研究，期待用科学的方法解开这一历史谜团。

与今天相比，对于社会生产力十分落后的西汉时期而言，铸镜当是一项高超的技术，有相当的难度。出些废品或次品，当属正常。图109的简易线条纹镜，至少是当时的次品。从图中可看到，上端的钮孔处有一处残缺，这属于铸造缺陷。从现代铸造工艺学原理可以推定，此镜钮孔处的残缺，是铸后敲毛刺时，被毛刺带掉了一部分，形成了现在看到的残缺。镜钮中心有孔，凡铸孔，就需要在镜范中心的钮型腔处安置泥芯。由于泥芯与镜范之间存在间隙，浇铸后，就会在钮孔的口处产生铸造披缝，这本是正常的铸造现象。问题的关键是，处理这些披缝需要按规律进行。如果从钮上方向镜背方向敲掉披缝，一般不会出现问题，或者很少出问题。但是如果从镜背朝钮方向掰掉披缝，这样的操作，就很容易将钮表面带破一部分而出问题。此镜这种现象在现代铸造工艺中称之为"带肉"，而此镜上面钮孔处残缺，就是标准的"带肉"。此镜有这样的铸造缺陷，居然能够经过了2000余年埋藏至今，说明此镜是实用器，同时说明，西汉时期铸造铜镜并不容易，只要能够正常使用，就轻易不会回炉。

西汉文景时期，采取了一系列与民生息的国策，鼓励生育、奖励农耕、消减赋税、开拓市场，全国上下一心发展社会经济。再看东汉初的开国之君刘秀，自统一后，几乎采取了文景时期的所有举措且有过之而无不及，使得社会经济快速发展。市场的需求，是创新的最大动力。如果没有市场需求，难以有所创新，更谈不上产量，这是发展社会经济的铁律，古今中外都一样。其前提就是需要有稳定的社会环境。

每一个新镜种在社会的流行，都是有其寿命的，没有恒久的商品。一旦过时，就没了市场份额。所以，流行的铜镜寿命，长的也不过数十年，难以逾百年，这取决于当时人们的审美观及社会的意识形态。而在汉代众多镜种中唯一跨两汉经久不衰的镜种，只有线雕的四神博局镜。

四神博局镜创新自西汉中期，一直流行到了东汉中期甚至更晚，横跨西汉、王莽及东汉3个时期，西汉是四神博局的创新期，逐步发展完善至王莽时期彻底成熟并继续流行，共在汉代流行了约200年。区分西汉与东汉的四神博局镜，有3个要素，一是看镜缘的宽度，西汉的镜缘比例窄，东汉宽。二是看钮座外有无十二地支，西汉刚创新时，十二地支还没有纳入纹饰，东汉有。三是看玄武的形象是什么形态。虽然都有玄武，但在西汉的玄武形象中，蛇与龟各是各，蛇没有缠绕龟，东汉的玄武形象是蛇缠绕着龟体。

图112是西汉的四神博局镜，此镜的镜缘比例相对窄，且没有云水纹，而是西汉普遍流行的复线波折纹。钮座外的方框处没有十二地支。再看玄武的形象，龟是完整的形象，蛇只是在龟的旁边，并无缠绕。所以，此镜的时代为西汉无疑。玄武的概念，战国时期就有，但龟与蛇没有缠绕，只是绘制在一起。据张清文老师研究，认为玄武中蛇缠绕龟的形象，约在汉平帝时期完成，即西汉最后一位帝王时期。

图130至图135的四神博局镜，是较为标准的东汉镜。以图132为例，可看到镜缘一周锯齿纹外又有一周云水纹，这是东汉四神博局镜标准的镜缘宽度及纹饰配置。方框内设置有十二地支，四神有各自固定的方位，而十二地支也有各自固定的方位。在此镜纹饰中，首先可看到四神的方位准确，在地支中，可看到子北、午南、卯东、酉西，都处在正确的位置与对应的四神配套。而此镜的钮孔，开设在正确的南北方向。看此镜四神及所有线雕纹饰的构图，明显比西汉四神纹饰更成熟。再看图130的东汉四神博局镜，除钮孔方向错误外，铭文带与纹饰区的颠倒设置，显示出不正规的形制，造成设计欠妥的视觉效果。所以，这样的铜镜遗存不多。

兽首镜，流行在东汉中期，到东汉晚期结束，以后少有铸造。全国各地都有出土，纹饰五花八门风格各异。图136中的兽首镜是较为标准的形制。由于兽首镜普遍小，少有15厘米以上的大镜，便于亲民而受市场欢迎。汉代制作铜镜，一般是先制作阴模，翻成阳模后再翻范及浇铸。而兽首镜的制模工艺，又打破了一个工艺壁垒。兽首镜的纹饰，是采用了减地法剩出纹饰，这样就可以直接雕阳模，省去了制作阴模再翻阳模的麻烦，这应当是技术上的又一个新突破。受兽首镜制模工艺的影响，为减少成本，采用相同工艺生产出来的铜镜，还有图137的四叶四龙镜。从东汉中期到三国时期，有各种双夔镜、各种四叶八凤镜等一大批小型镜，制作时也都采用了直接制作阳模的工艺。如图149及图150等，都是按兽首镜的制模工艺操作的。在这些不需要制作阴模的镜种中，兽首镜的时代最早，遗存最多，当是首创。

盘龙镜及龙虎镜，大多数体积较小，14厘米以内为多，是东汉时期的铜镜，从图138至图142都属于这一类铜镜。龙虎镜的品种十分多，在南北方都有大量出土，说明是当时天下普遍流行的镜种。龙虎镜的主要艺术价值，是高浮雕。在汉代浮雕纹饰中，没有高于龙虎镜浮雕的。与龙虎镜基本同时期出现的，还有神兽镜。从艺术形式看，浮雕的制作技术难度，当远大于战国镜那种较平的纹饰，其实不然。可以认为，东汉制作浮雕镜模的时间，最多是战国纹饰镜制模时间的五分之一，甚至更短。

东汉时期，神兽镜的主要产地是当时的彭城与会稽。公元229年孙权在今湖北鄂州称帝建都，改地名为武昌，改元黄龙元年。为繁荣都城，从会籍迁来一批有名号的铸镜工匠到武昌，大量铸造了神兽镜。所以，东汉后期神兽镜的产地主要为今天江苏的徐州、浙江的绍兴及湖北的鄂州。由于这三大铸镜中心都远离关中，因此，绝大多数神兽镜，出自以上3个地区及其周边地区，北方出神兽镜的概率小。东汉末年，道教在南方兴起，南方的信徒增多，这也是神兽镜在南方产品多的一个原因。

图144是尚方神兽镜，这种三分形制的神兽镜，在江南出土众多神兽镜中极少见到。由于锈蚀严重，只识别出一个方枚的4字铭文为尚方明镜。从纹饰看，以这个方枚为中心，左边的神为东王公，右边的神是西王母，其余一神为伯牙。在这3位神人中，有两位是历史中真实存在的人。其一是西王母，其二是伯牙。西王母是母系氏族社会的一个首领，考古部门在青海甘肃一带，发现了其活动的遗址。伯牙则是春秋时期楚国郢都即今湖北荆州人，在晋国做官，弹得一手好琴，高山流水的典故，就是伯牙在汉阳遇到钟子期时发生的故事。在武汉市的汉阳，至今有钟家村及琴台遗址。各种神与东王公及西王母，都是道教的偶像。虽然道教是在东汉末才逐渐形成，但道家文化在中国却是源远流长。看形制，这枚尚方神兽镜的时代，当在东汉早期，早于江南的神兽镜。

在东汉中晚期，江南出土一些成熟的对置式神兽镜中，普遍铸有4个神，即代表东方的东王公、代表西方的西王母、代表南方的伯牙及代表北方的轩辕黄帝。这种方位明确的神兽镜，主要流行在东汉中晚期至三国时期的江南地区。而咸阳博物院藏的这枚神兽镜，其形制及镜缘皆属于东汉早期。纹饰中少了轩辕，又是三分，说明代表4个方位神的概念还没有确立，当是神兽镜初始阶段的产品。图146中的三羊四兽镜、图145中的吾作四兽镜及图147中的吾作四兽镜，也都属于东汉早期的形制，这些铜镜只有兽没有神，可看作是制作神兽镜的一级台阶。以上4枚铜镜，其形制及风格，如出自同一工匠之手，应是当地的产品。"三羊"是东汉时期的一位著名铸镜工匠，或者是一个铸镜作坊的名号，其铸造的产品传世的较多，有博局镜、七乳纹带镜、龙虎镜、画像镜及神兽镜。

在东汉中期到晚期的百余年时间里，是中国古代范铸法铸镜技术水平最高的时期。除创新出来许多浮雕镜种外，汉镜中的大镜，也多出自这个时期。特别是江南的画像镜，多有20厘米以上。这些铜镜的最薄处，往往不足一毫米，而镜背中心的钮，却多是超大体积的半圆钮。站在铸造学角度看，其技术难度相当大。由于镜面与半圆钮的厚度差太大，铜液浇铸后在结晶时，镜体会自然产生较大的内应力，以致今天我们看到的大型画像镜钮对应的镜面，都有炸裂现象，难以见到完整的镜面。

从有铸镜以来至结束，东汉中期到晚期，镜钮的体积最大，镜面凸起最高。至东汉晚期，铸镜工艺停滞不前，并在逐渐退化。这个时期铸造出来的铜镜，宏观上感觉粗制滥造，模糊不清。进入三国时期后，随着战争频繁，铜镜的铸造进入了低谷时期，除江南的吴国有一些四叶八凤镜、神兽镜及画像镜的铸造外，北方曹魏的广大地区少有铸造。而进入西晋以后，更为凋零。自公元280年灭吴，再经过东晋十六国，直到隋文帝于公元581年统一天下，在这300余年的时间里，中国古代铜镜几乎处于停滞阶段。杨坚登基后，通过一系列改革，出现了"开皇之治"，才使得中国社会又进入了和平环境，中国古代铜镜又进入了一个发展的新阶段。隋代虽然只有两代君王，时间短暂，但是隋镜的数量却不少，给我们留下了许多遗存。

从图155中的仙山并照四神镜可以看到，此镜依然继承了东汉铜镜的布局，保留了神兽镜那种多用锯齿纹的装饰，其时代特征是此镜的铭文更接近唐楷，四神采用浮雕。在此镜铭文中铸有"传闻仁寿，始验销兵"，其中仁寿是指隋文帝与独孤皇后的避暑宫，在今陕西的麟游县，后被李世民改名为九成宫。销兵是指将天下的兵器收回熔化，预示着天下太平。销兵的举措，在当时的影响是巨大的。此镜数量较大，在陕西、河南、安徽及河北各处也有出土，铭文稍有出入，说明当时为纪念销兵，不止一地铸造了此镜。隋镜是汉唐之间的过渡产品，既有汉镜的遗风，又有唐镜的发端。因此，隋代是中国古代铜镜承前启后、继往开来的一个重要时期。

唐代是中国历史上最为开放的时期，据资料显示，万国来朝的使臣、世界各地的商贾及民间艺人，有10万外来人口常住长安。所以，唐代的对外文化交流是空前的。到了李隆基时期，由于创造思想更解放，使得唐代才会大量出现方形镜、葵花镜、菱花镜等一些新镜种。如一些双鸾镜、双犀镜、三乐镜、仙骑镜、瑞兽鸾鸟镜、五岳镜、打马球镜、千秋镜、真子飞霜镜、团花镜等，都是这个时期的产品。从纹饰的艺术形象来看，唐镜逐渐摆脱了以各神为题材的文化艺术及意识形态，使唐镜纹饰以前所未有的轻新面貌展现于世，使人感到铜镜艺术更贴近了生活。

图 158 至图 165 皆为瑞兽葡萄镜，当为武则天时期流行的镜种。瑞兽葡萄镜的纹饰，是由瑞兽及葡萄和葡萄的枝蔓组成。瑞兽的原型是狮子，这种动物并非产于中国。葡萄也是外来物种，是张骞通西域时，从西亚带回的种子在武帝的上林苑种植。在佛教中，狮子是文殊菩萨的坐骑，西汉晚期随着佛教也进入了中国。狮子与葡萄的形象，都是汉代就已经进入了中原大地，并非唐代引进。但是，汉代却一直没有将这些外来物种的形象植入艺术品。唐代不但铸造了大量的瑞兽葡萄镜，还铸造了大量的万字镜，而在佛教传入的汉代却不见一枚。由此看来，汉代兼容外来文化力度太小，或者汉代官方及民间的对外文化交流程度，远不及唐代开放。

长期从事铸造工作的人都知道，越薄的铸件铸造难度越大。唐镜多厚重，少有薄的铜镜存世。所以，与汉镜相比，唐镜的铸造难度并不大。自古以来，几乎中原各地都有铸镜。铸镜的工艺较为复杂，有诸多的工艺过程。各地可能有着不尽相同的操作工艺，但是，铜镜合金中的锡含量，几乎是相同的。从战国晚期开始，中国古代铜镜的合金技术基本定型。战国以前，铜镜的合金比例是乱的，基本无规律可循。从对大量战国镜作化学成分检测得知，至战国晚期，铜镜合金的比例得到了规范，即合金中的锡含量普遍以 22% 为中心。对于战国镜而言，这个锡含量数值已经到顶了。由于战国镜都较薄，又没有设置厚的镜缘，这个锡含量已经十分脆，稍遇撞击镜体就可能破碎。西汉以后，由于镜体几何形状的改变，加厚并加宽了的镜缘及镜体中间凸起的宽棱，都大大增加了镜体的耐冲击性能，再不是战国镜那么不堪一击了。所以，西汉以后的铜镜，其锡含量多以 24% 为中心。这个量值，一直保持到唐代晚期。因此，唐镜的锡含量与汉镜相同。

在现代工业中，锡青铜中的锡含量一般为 6%，最高不超过 10%。如果超过这个数值，合金的脆度增加，其机械性能中的抗拉强度与抗弯强度都不达标而无法使用。古代的铜镜合金，主要是为了镜面呈现银白色，无需考虑机械性能，才会将锡含量增加到20%以上，映照的效果达到了，但合金却非常脆，稍受撞击就会炸裂。所以，唐代以前的高锡青铜镜都非常脆，这是大家都知道的。所以，不论战国镜还是汉唐镜的合金，都属于高锡青铜镜。

研究铜镜的人大多知道，唐代及其以前至战国的铜镜，都是宁断不会弯的。至唐晚期，延续了约1300年的高锡青铜镜基本结束。唐以后，随着社会政治经济、意识形态及人们审美观的改变，不但铜镜的范铸工艺在走下坡，铜镜合金也在不断变化。唐五代至北宋的前期，是古老的范铸工艺铸镜向砂型铸镜工艺的转换期，在这种新老工艺的交替阶段，北宋还保留了一小部分范铸法铸造的高锡青铜镜。北宋以后，铜镜合金中的锡含量越来越少，铅含量越来越大。镜体的脆度也大大降低，再不会宁断不弯了。所以，往往可以看到自北宋以后，有许多受压而弯曲的铜镜。

中国古代的金属货币，在唐以前大多采用范铸法铸造。从唐早期开始，普遍采用了砂型铸钱。但是，铸镜却一直采用了范铸工艺进行，范铸法铸镜工艺在唐代一直使用到唐晚期以后。受唐以后砂型铸钱工艺的影响，宋以后的高锡青铜范铸法铸镜工艺，逐渐被砂型铸造工艺取代，与此同时，合金也由高锡青铜逐渐改变成高铅青铜。所谓砂型铸造，就是今天的翻砂工艺。自此，从齐家文化开始铸镜至唐晚期，在中国延续了约3000年的范铸法铸镜工艺，到唐代晚期基本寿终。

古代的范铸工艺技术，曾经支撑了中国整个青铜时代，大量的青铜器产于战国以前。中国在战国晚期进入铁器时代，青铜时代也随之结束。而青铜镜的铸造，属于后青铜时代，除了铸镜、铸钱及一些小型兵器，再少有青铜铸造。后青铜时代从战国晚期经西汉、东汉、三国至隋唐，又经历了800余年，终于被历史淘汰。

宋以后，出现了带柄的铜镜。图181的带柄梅花镜就是一例。与砂型铸造相比，范铸工艺夯出的镜范，至少需要两个月时间的阴干。阴干后的泥范，需要装进窑里焙烧至1050°，待彻底冷却后，才能进行浇铸的操作。而砂型铸造工艺则不同，采用翻砂工艺铸造这样的铜镜，夯出的砂型当时就可以浇铸。与范铸工艺相比，砂型铸造工艺工期短生产效率高，成本低。如果采用高锡青铜，由于高锡青铜的性质脆度大，此镜的柄十分容易断裂。将合金改成铅青铜，就避免了这些问题的出现。随着宋以后采用砂型铸镜，合金也就必然同步改成高铅青铜了。

范铸工艺中浇铸时的镜范是强度硬的干型，适合高锡青铜浇铸。而砂型工艺浇铸时，其型腔为强度软的湿型，由于导热快，浇铸后的结晶速度太快，产生的应力太大，铸件极容易破损，所以，砂型铸造不适合高锡青铜。如果拿一件范铸工艺浇铸的高锡铜镜毛坯，与一件砂型铸造的高铅铜镜毛坯作比较，当分别磨好镜面后就会发现，两者的光亮程度是难以用肉眼区分的。实质上的区别，是高锡铜镜在自然环境中更耐久，而高铅铜镜可能需要天天摩擦镜面，否则镜面很快就会发雾。与汉唐以前的铜镜相比，宋以后铜镜纹饰的清晰程度，远不及汉唐铜镜的纹饰清楚，究其原因，是宋以后的镜模多用木料雕刻，直接制作阳模。从图182的童子花卉镜可以看到，纹饰与纹饰之间的地张，并不在一个平面。汉代铜镜多是用滑石料制阴模，是先磨出既平整又光滑的面以后，再阴刻纹饰。翻成阳模后，纹饰间的地张就在同一个抛物面上。宋以后在木料上雕刻阳纹饰，手工雕刻无人能够保证将地张都雕到一个水平面。其结果与此镜相同，其地张只能是有深有浅。当然也包括辽、金、元那些有浮雕纹饰的铜镜，都是同理。

在图183的承安三年镜中，可看到纹饰中的凸棱有厚有薄不规整，镜缘与镜缘下面凸棱间隙有宽有窄。这些现象，都显示出手工操作的不准确性。汉唐镜制模时，多是在陶车上先车出阴模坯子后，再在阴模表面制作纹饰，所以，汉唐镜一般不会出现这些问题。看图181的带柄荷花镜镜缘一周的厚度有宽有窄，就是手工雕模的特征。从图184的唐王游月宫镜至图189的凤凰牡丹镜，都存在上述问题。

在图188的蔓草纹兽镜中，除纹饰外

还可看到一个凸起的长方形章子。仔细考察不难发现，章子内的地张明显高于铜镜纹饰的地张，这说明，此镜是在翻出砂型的纹饰处，用一个章压印出来自己的名号。此章是铸造专业章，不同于私章。一般签字盖的章是反刻字，盖在纸上后才还原成正字。而这种铸造专用章是刻出正字，当压在砂型上时，看着是阴型反字，但浇铸后就还原成凸起的阳型正字。如这样的工艺生产出的铜镜，在江南数量相当大，特别是湖州地区生产的湖州镜，基本都是素面，连纹饰的制作都省掉了，只盖上一个名号的章了事。

明代以后至清代，有纹饰的铜镜越来越少，很多铜镜是只铸几个铭文，如龟鹤齐寿、状元及第、福寿双全等。其寓意有祈福的、有求子的、有盼升官的、有望发财的、有盼长寿的等。

图193是五子登科镜，从字面看，似盼五子都能顺利通过科举做官，其实这是一个劝人向善的故事，说的是宋代有个叫窦禹钧的人，号燕山，由于平时坑蒙拐骗做了许多坏事，以致30岁无子。一夜，其父托梦教

训他需多做善事多积德，才会有子嗣。从此他幡然醒悟并散尽家财到处做善事，终于感动了上苍，夫人连产五子。五子长大后，个个登科及第。《三字经》有云："窦燕山，有义方，教五子，名俱扬"，说的就是此事。宋以后，铜镜的纹饰越来越简化，铸些铭文到镜背，也只是为了填补纹饰的空缺。直至清代被玻璃镜彻底取代。

发明创造需要条件，即物质条件、社会需求与经济基础，缺一不可。中国处在北半球的大陆性季风气候地区，有着四季分明的气候与取之不尽的土料，有铜矿资源，又有着万年以上制陶技术的传承，十分有利于古代范铸工艺的发展，物质条件及技术条件先天充足。但是，如果没有社会需求，一般不会有发明创造。有了社会需求，没有经济基础也无法操作。在稳定的社会环境中，有市场需求又有经济基础，发明创造才有了条件。

在中国古代铜镜的发展史中不难发现，凡大量出铜镜的时期，一定有某个"盛世"为背景。如在西汉刘恒、刘启的"文景之治"时期，开创了西汉铜镜的蓬勃发展，开启了中国古代绘画在铜镜线雕技术上的应用，并留下了史无前例的产量，给后世铸镜的发展奠定了一级台阶。在东汉刘秀的"光武中兴"时期，发展出了众多浮雕艺术的铜镜，使中国的浮雕艺术集中体现在铜镜上而得以升华，更使得古代铜镜纹饰艺术又登上一级台阶。如果没有前面两级台阶的技术积累，就谈不上隋唐铜镜的辉煌。在隋代杨坚的"开皇之治"时期，给我们留下了大量高水平的汉风唐韵的铜镜遗存。隋代小型的狻猊镜，给唐代大型的瑞兽葡萄镜奠定了基础，使铸镜工艺水平又提升了一级台阶。在唐代李世民的"贞观之治"时期，开创了面貌全新的唐镜风格。而在唐代李隆基的"开元盛世"时期，不但铸造出了许多前所未有的新镜种，20厘米以上的大型唐镜，大多是李隆基时期铸造的，而那些圆形以外的镜种如各种葵花镜、菱花镜等，也大多出自李隆基时期，还出现银背鎏金镜、螺钿镜、金银平脱镜等十分名贵的镜种。

以上5个历史时期，都是古代铜镜的高产期，其每个时期的社会政治、经济、文化，都直接影响着铜镜的铸造与发展。可以认为，是历史上那些雄才大略的君王，以及与他们直接关联的太平盛世，给我们的先民创造铜镜文化，提供了广阔的平台与施展空间。"开元盛世"以后，铜镜技术开始逐渐走下坡。

纵观中国古代约4000年的铸镜史，齐家文化期的铜镜可看作是中国铜镜的起源，而技术的进步非常缓慢。这之间经历了夏商周三代，直到战国晚期，铜镜才得到了形制的规范与合金的规范。进入西汉以后，铜镜的发展可谓是飞速的，在短短不足百年时间里，其工艺技术超过前面约2000年的发展速度，咸阳博物院藏的这些西汉早期镜，就可以说明这些问题。在本书中的西汉早期铜镜中，我们可以看到一些镜种是如何被创新出来，又是如何一步步完善至最后的成熟。从咸阳博物院这些铜镜的著录中，使我们看到了中国古代铜镜范铸工艺的发展过程，虽是地区性的，但可看作是古代中原地区铜镜发展概况的一个缩影，给我们认识早期铜镜特别是两汉铜镜的发展，提供了详实的宝贵资料。

如果对汉唐铜镜简单总结各时期的特点，那就是西汉早期镜以几何造形为主，以简洁明了的小镜为多。西汉中期镜逐渐加大尺寸，纯几何造形的纹饰逐渐退出，改以线雕纹饰为主，典型的镜种以乳钉纹带镜及四神博局镜为代表。西汉晚期，镜体尺寸再度逐渐增大，线雕纹饰技术已经十分成熟。东汉镜最主要的成就，是将浮雕艺术植入铜镜纹饰，其纹饰的高度，超线雕纹饰10至20倍，以龙虎镜、神兽镜、画像镜为代表。隋唐镜雍容华贵、富丽堂皇，显示出大唐的气度与开放的胸怀，以及欣欣向荣的社会面貌。

综上所述，如果用铸镜的难易程度来评价汉唐铜镜，从范铸工艺角度看，则是汉镜铸造水平高于唐镜，特别是东汉时期镜，堪称古代铜镜技术最高水平。总言之，两汉铜镜创新最多，产品存世量也最大。

从本书图录看，咸阳博物院的藏镜数量最多的是汉镜。当我们看到两汉铜镜的基本特征，使我们看到了西汉早期铜镜工艺技术发展的脉络，给我们展示出了中原地区铜镜发展过程中，一条较为清晰的主流干线，看到了汉代先民与时俱进的过程，感觉到我们已经穿越了历史，似乎闻到了汉代的气息，感觉我们站在汉代的铸镜工棚里，看着西汉的先民是如何从战国镜复杂的工艺中解放出来而不断创新。毫无疑问，在咸阳周边，一定存在西汉及东汉的铸镜遗址，期待考古部门的发现。

古代这些辉煌灿烂的文化遗存，凝聚着先民的聪明、智慧与劳动的汗水。作为炎黄子孙，我们有义务了解、继承这些优秀的传统文化，并发扬光大。一般文博单位特别是个人编辑铜镜图录，多会刻意找一些品相好或者漂亮的标本著录。而在对咸阳博物院藏铜镜的观察与研究过程中，我们见到了许多西汉早期技术转型、过渡期的铜镜遗存。宏观上似乎这些铜镜品相欠佳，不值得著录。但是，恰恰这些遗存是铜镜发展史上的见证，是铜镜技术史上的里程碑，是时代的坐标，有着十分重要的考古价值。对于2 200多年后的我们，考证西汉早期铜镜范铸工艺的发展，研究当时工艺思想的转变过程，是件难能可贵之事，也使本人增长了见识。在此，对咸阳博物院表示感谢。由于水平有限，错误之处难免，请读者批评。

董亚巍
2023年5月9日于咸阳

总目录

发达兴盛的战国秦汉铜镜	001
富丽堂皇的隋唐铜镜	169
多姿多彩的宋金铜镜	209
衰退中创新的元明清铜镜	219
咸阳博物院铜镜概述	235
后记	246

铜镜目录

003	羽状地纹镜·图1	022	长毋相忘镜·图19
004	弦纹镜·图2	023	四乳连弧圈带镜·图20
006	圈带龙凤纹镜·图3	024	四乳四龙镜·图21
008	弦纹镜·图4	025	四乳四虺镜·图22
008	弦纹镜·图5	026	服者君王镜·图23
009	四山镜·图6	027	日光镜·图24
010	蟠螭纹镜·图7	028	日光镜·图25
012	圈带四花镜·图8	028	日光镜·图26
013	三叶三龙镜·图9	029	日光镜·图27
014	六龙镜·图10	029	日光镜·图28
016	席地纹镜·图11	030	日光镜·图29
017	大乐贵富蟠龙纹镜·图12	031	日光镜·图30
018	君来何伤镜·图13	032	日光镜·图31
020	长毋相忘镜·图14	035	昭明镜·图32
020	长毋相忘镜·图15	036	昭明镜·图33
021	四乳四叶纹镜·图16	037	昭明镜·图34
021	四乳圈带镜·图17	038	昭明镜·图35
022	云纹镜·图18	041	昭明镜·图36

042　昭明镜·图 37
043　昭明镜·图 38
044　昭明镜·图 39
045　昭明镜·图 40
046　昭明镜·图 41
049　昭明镜·图 42
050　昭明镜·图 43
052　昭明镜·图 44
053　昭明镜·图 45
054　铜华镜·图 46
055　铜华镜·图 47
056　铜华镜·图 48
058　铜华镜·图 49
060　铜华昭明镜·图 50
062　皎光昭明镜·图 51
064　日光昭明镜·图 52
065　清白镜·图 53
066　清白镜·图 54
067　清白镜·图 55
068　日有熹镜·图 56
069　四乳四虺镜·图 57
070　四乳四虺镜·图 58
073　四乳四虺镜·图 59
074　四乳四虺镜·图 60
077　四乳四虺镜·图 61
078　四乳四虺镜·图 62
080　卷云纹镜·图 63
081　家常贵富镜·图 64
082　宝乐富昌镜·图 65
085　宝乐富昌镜·图 66
086　文王百子镜·图 67
086　四乳八禽镜·图 68
086　四乳八禽镜·图 69
087　八禽博局镜·图 70
088　四乳四神镜·图 71
091　四神博局镜·图 72

092	云纹博局镜·图73	112	星云镜·图91
092	四乳纹带镜·图74	113	星云镜·图92
093	四乳四龙镜·图75	113	星云镜·图93
094	四乳四龙镜·图76	114	星云镜·图94
095	长毋相忘双龙镜·图77	114	星云镜·图95
096	四乳四龙镜·图78	115	星云镜·图96
097	四乳四龙镜·图79	115	星云镜·图97
098	四乳双龙镜·图80	116	星云镜·图98
101	四乳花卉镜·图81	116	星云镜·图99
102	辰言必当草叶纹镜·图82	117	星云镜·图100
105	君勿相忘草叶纹镜·图83	117	星云镜·图101
106	草叶纹镜·图84	118	星云镜·图102
107	草叶纹镜·图85	118	镜坯镜·图103
108	见日之光草叶纹镜·图86	119	八叶博局镜·图104
109	日有熹草叶纹镜·图87	120	四乳纹带镜·图105
110	见日之光草叶纹镜·图88	122	四乳四神纹带镜·图106
111	日有熹草叶纹镜·图89	124	七乳纹带镜·图107
112	星云镜·图90	126	七乳纹带镜·图108

127	简易线条纹镜·图109		142	连弧纹凹面圈带镜·图127
128	四乳禽兽博局镜·图110		143	"君宜官位"连弧纹镜·图128
130	八乳填空博局镜·图111		143	"君宜官秩"连弧纹镜·图129
131	四神博局镜·图112		144	四神博局镜·图130
132	禽兽博局镜·图113		146	四神博局镜·图131
135	尚方四神博局镜·图114		148	四神博局镜·图132
136	云雷纹镜·图115		151	四神博局镜·图133
136	云雷纹镜·图116		152	禽兽博局镜·图134
137	"长宜子孙"云雷纹镜·图117		154	四神博局镜·图135
137	"长乐未央"云雷纹镜·图118		156	变形四叶兽首镜·图136
138	"长宜子孙"云雷纹镜·图119		157	四叶四龙镜·图137
138	"长宜子孙"云雷纹镜·图120		158	龙虎镜·图138
139	"长宜子孙"云雷纹镜·图121		159	龙虎镜·图139
139	"长宜子孙"云雷纹镜·图122		160	五禽镜·图140
140	"位至三公"云雷纹镜·图123		160	双龙镜·图141
140	云雷纹镜·图124		161	盘龙镜·图142
141	连弧纹凹面圈带镜·图125		161	六乳纹带镜·图143
141	连弧纹凹面圈带镜·图126		162	尚方神兽镜·图144

164 吾作四兽镜·图 145	*186* 瑞兽葡萄镜·图 163
166 三羊四兽镜·图 146	*187* 瑞兽葡萄镜·图 164
166 吾作四兽镜·图 147	*188* 瑞兽葡萄镜·图 165
167 二虎对峙镜·图 148	*189* 花鸟菱花镜·图 166
168 四叶八凤镜·图 149	*190* 花鸟菱花镜·图 167
168 大吉利镜·图 150	*191* 仙骑镜·图 168
171 "光正随人"四乳四叶纹镜·图 151	*192* 双雁系绶葵花镜·图 169
172 缠枝花十二生肖镜·图 152	*194* 双雁衔花葵花镜·图 170
174 四神十二生肖镜·图 153	*196* 双鸾奔马葵花镜·图 171
175 龙虎镜·图 154	*197* 双鸾衔授葵花镜·图 172
176 仙山并照四神镜·图 155	*198* 双鸾双雁鹦鹉葵花镜·图 173
178 练形神冶狻猊镜·图 156	*200* 宝相花纹葵花镜·图 174
179 照日菱花狻猊镜·图 157	*202* 四神镜·图 175
180 瑞兽葡萄镜·图 158	*204* 荣启奇葵花镜·图 176
181 瑞兽葡萄镜·图 159	*205* 宝相花方镜·图 177
182 孔雀瑞兽葡萄镜·图 160	*206* 减地龙纹镜·图 178
184 瑞兽葡萄镜·图 161	*207* 减地人物树木花鸟纹镜·图 179
185 瑞兽葡萄镜·图 162	*211* 带柄梅花镜·图 180

211	带柄荷花镜·图181	227	状元及第镜·图194
212	童子花卉镜·图182	227	福寿双全镜·图195
213	承安三年镜·图183	228	鸾凤呈祥镜·图196
214	唐王游月宫镜·图184	228	五桂联芳镜·图197
216	双鱼镜·图185	229	长命富贵镜·图198
217	双鱼镜·图186	229	湖州薛茂松造镜·图199
218	盘龙纹镜·图187	230	达摩渡海镜·图200
221	蔓草兽纹镜·图188	231	薛怀泉造镜·图201
222	凤凰牡丹镜·图189	231	二龙戏珠镜·图202
224	人物杂宝镜·图190	232	薛晋侯造方镜·图203
225	人物杂宝镜·图191	234	马桂南自造镜·图204
226	长命富贵镜·图192	234	素镜·图205
226	五子登科镜·图193		

发达兴盛的战国秦汉铜镜

战国时期，随着冶炼技术的提高，铜镜铸造业得到快速发展，产量随之大增，铜镜生产进入成熟期。铸造工艺提高，质量更加精良，图案更加丰富，尤其是南方的楚文化地区，出土了大量的工艺精湛的铜镜。这个时期铜镜的形制多为圆形，镜体轻薄，弦式钮较小，镜面平直，多数为内凹式卷缘。常见纹饰有羽状纹、叶纹、山字纹、蟠螭纹、连弧纹、菱纹、兽纹等，图案多采用底纹映衬主纹手法，纹饰细致，线条流畅，表现力强，富于层次感，粗犷中透露着细腻。

西汉定都长安，咸阳是重要的京畿之地，受帝都的影响，铜镜生产较多，尤其是汉武帝时期，随着农业经济的发展和铁器广泛使用，手工业生产的规模和水平都有了很大发展和提高，金属铸造工艺不断进步。陶瓷和漆器制造业有了长足发展，原来的青铜器皿逐渐被铁器、漆器和陶瓷器所取代，铜镜却获得了重要发展，这一时期铜镜在生产规模和技术上，都比战国时期有了很大的进步和发展。数量大增，质量优良，装饰内容和表现手法丰富多样，是铜镜发展的鼎盛期。西汉早期，除了沿用战国晚期铜镜的形制特点和纹饰风格外，新出现了用铭文装饰的铜镜，如"大乐贵富"镜。西汉中期，铭文逐渐成为铜镜上的主要装饰内容，地纹消失，镜面逐渐加大，镜钮由弦式钮变为半圆形钮。纹饰主要有草叶纹、星云纹、博局纹、禽兽纹、鸟兽纹、连弧纹等。镜缘由窄卷缘逐渐变为宽平缘，西汉晚期缘上常装饰双线锯齿纹、四神纹、云纹等。

东汉建都洛阳，政治中心东移，使得咸阳出土的东汉镜与西汉镜相比数量上有所减少。东汉早期尚方铭文镜盛行，私人铸造的姓氏镜开始出现。东汉中期，铜镜纹饰题材和表现技法有了较大变化，形象各异的禽兽、神兽、龙虎、人物画像等成为铜镜的主题纹饰，多采用浮雕的手法，姓氏镜大量流行，镜缘常饰云纹、四神纹、锯齿纹、鸟兽纹等。东汉晚期，浮雕画像镜逐渐增多，镜上常饰半圆及方形枚，三角缘镜增多，纪年镜大量出现，铭文中常有"长宜子孙、君宜高官、位至三公"等内容。

羽状地纹镜

图1
战国
直径10.3厘米，重223克。

圆形，四弦钮，圆形钮座，窄平缘。座外为一圈凹面宽弦纹，镜背布满排列有致的羽状地纹。

羽状地纹[1]是把演变成羽状、涡粒状的蟠螭纹躯体上的一部分分割为一个长方形的花纹单位，每个花纹单位前后左右平行，布满镜背。它是变形兽纹的一种，不具备动物整体的形状。这种纹饰在春秋晚期和战国早期青铜器上风行一时，纹饰虽然非常精细和复杂，有时可达到纤毫可辨的程度，但制作还是有规律的，系用同一单位的印模连续压印拼接而成，范线明显，实际制作并不过于复杂。

湖南长沙桂花园墓115出土有一面[2]。

[1] 孔祥星，刘一曼. 中国古代铜镜. 北京：文物出版社，1984（12）：27.
[2] 湖南省博物馆编. 湖南出土铜镜图录. 北京：文物出版社，1960（5）：30.

弦纹镜

图2
战国
直径7.1厘米，重35克。

圆形，三弦钮，镜钮明显偏移，镜背为两圈凸弦纹。

战国镜钮采用"分型嵌范"的工艺技术[1]，将提前做好的钮范安置在镜模上，再加入泥料夯成整块镜范。但是，在夯范过程中，难以保证嵌入的钮范不被移动位置，所以，在出土的战国镜中，有许多钮明显偏心，镜钮周围大多能看到一圈不规则形的嵌钮范的痕迹。从山西侯马东周铸铜遗址出土的镜模上[2]，可看到模上没有镜钮，而从同遗址出土的镜范上，又可看到镜范中心的钮范是活动的，可以取下来，明显是被夯嵌到镜范中的。从侯马出土的镜模及镜范看，都可以说明战国时期在制作镜模时，模中心没有设置镜钮。同时也说明，镜钮的范是单独制作的，这是战国时期铸造铜镜的普遍工艺。所以，我们在战国铜镜钮的周边，较容易找到一周嵌钮范的痕迹。

[1] 董亚巍著. 范铸青铜. 北京：北京艺术与科学电子出版社，2006：156.
[2] 山西省考古研究所编著. 侯马陶范艺术. 普林斯顿市：美国普林斯顿大学出版社，1996：246.

发达兴盛的战国秦汉铜镜 005

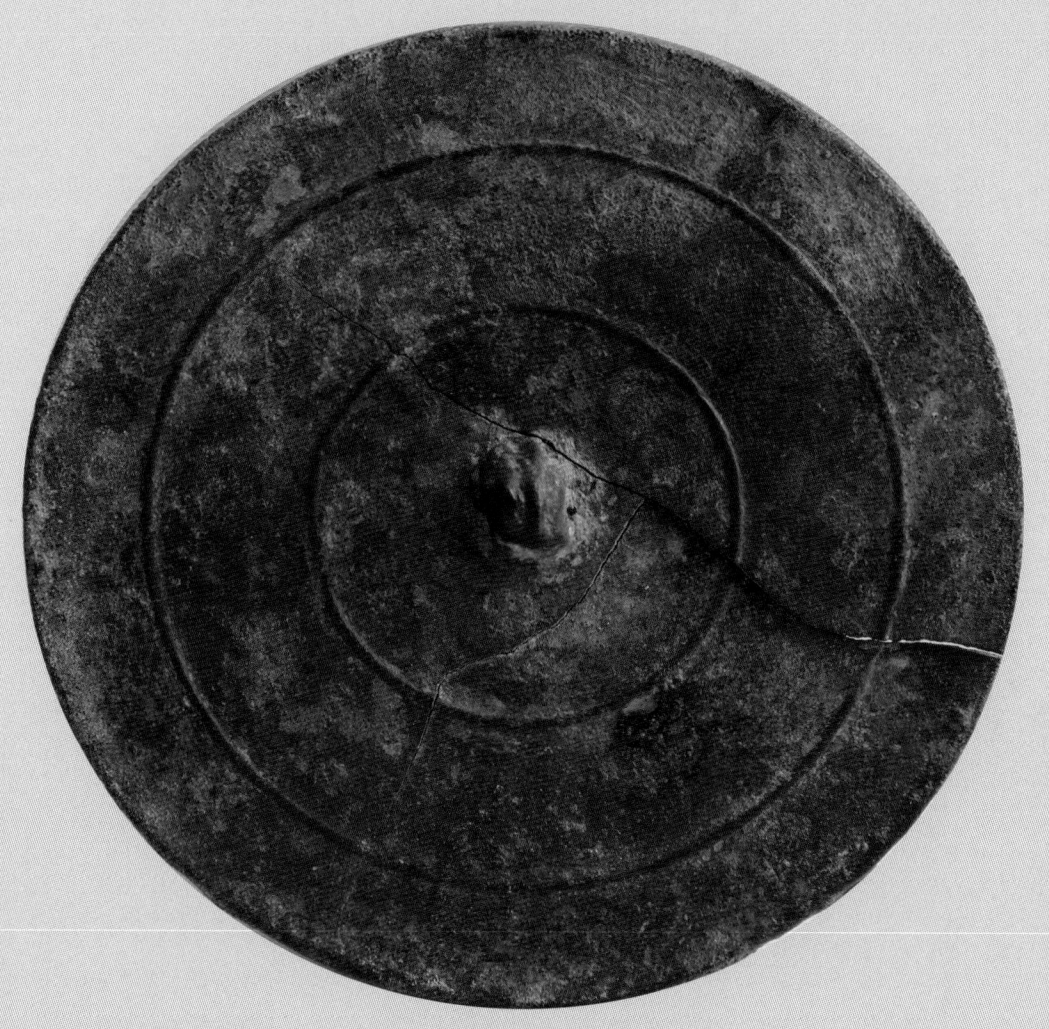

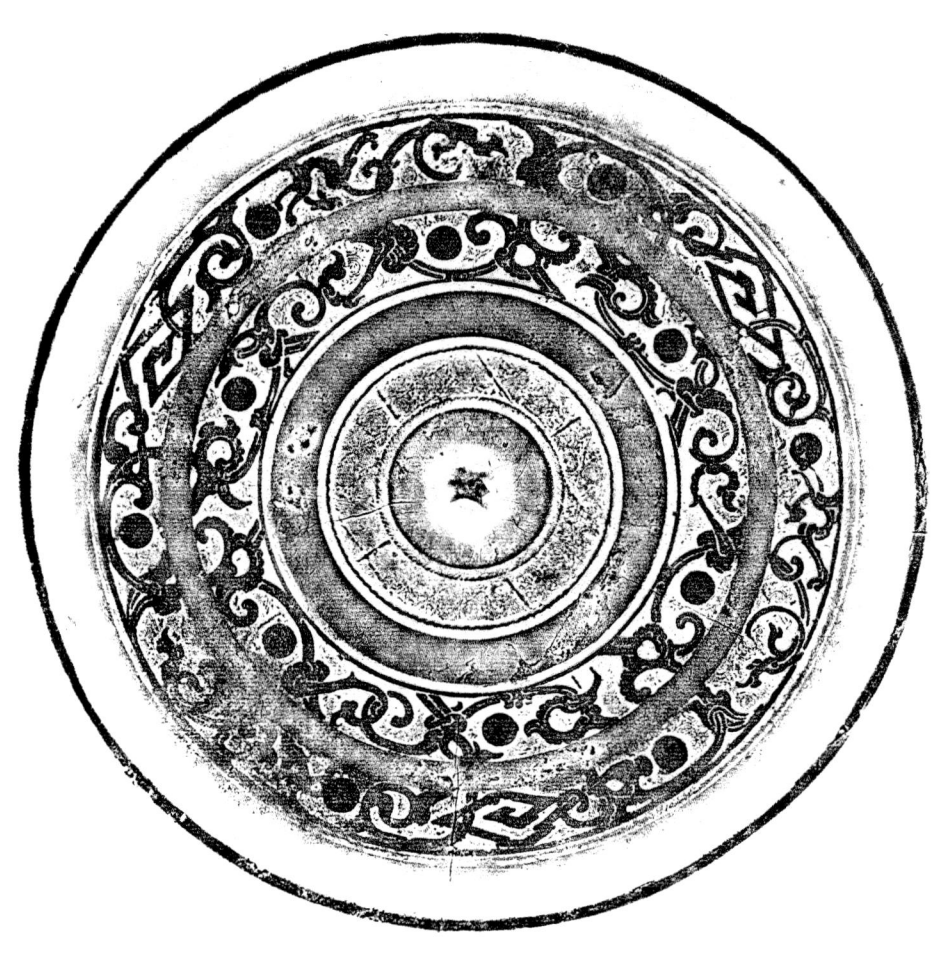

圈带龙凤纹镜

图 3

西汉

直径 22 厘米，重 632 克。

圆形，三弦钮，圆形钮座，内凹式卷缘。钮座外为一圈云雷纹，云雷纹外为一圈凹面宽弦纹，宽弦纹外为纹饰带，以细密的云雷纹衬地，主纹为缠绕式排列的龙凤图案，由突起的宽平单线条组成，龙凤纹图案上压有圈带，圈带内外各有 6 枚乳钉。外圈大小 6 条龙，分 3 组。每组一龙嘴大张，露出两颗獠牙，圆眼，龙角弯曲，身体呈"S"形。一龙回头，两耳竖立，两腿向前，两腿向后，尾巴缠绕在前龙的颈部。内圈三凤图案，凤回头，喙张开，椭圆形眼，身体向后弯曲。

发达兴盛的战国秦汉铜镜　007

弦纹镜

图 4
西汉
直径 7.2 厘米，重 35 克。

圆形，双弦钮，镜背为两圈凸弦纹。

弦纹镜

图 5
西汉
直径 8.1 厘米，重 30 克。

圆形，桥钮，镜背为两圈凸弦纹，两弦纹之间有一"心"形图案。

弦纹镜均为圆形[1]，镜背为一圈或二圈以上的细弦纹。一圈弦纹的镜子出现较早，为春秋晚期长沙烈士公园第6号墓出土的单圈弦纹镜。二圈及以上弦纹的素镜出现在战国中、晚期，西汉初年依然存在。晚期的弦纹镜形体比早期的要大，直径一般都在十几厘米以上。

[1] 孔祥星，刘一曼.中国古代铜镜.北京：文物出版社，1984（12）：26.

四山镜

图 6
西汉
直径 7.6 厘米，重 30 克。

圆形，三弦钮，方形钮座，内凹式卷缘。主体纹饰为羽状地纹上有 4 个"山"字形图案，"山"字配列于钮座之外，"山"字底边与钮座边线平行，钮座四角伸出 4 个叶片，镜体轻薄。

山字镜[1]主要特征是在羽状地纹上有 3 至 6 个类似山字的图纹构成主题纹饰，山字之间通常配以花瓣纹、叶纹、绳纹。山字镜均为圆形，钮座有圆有方。山字配列于钮座之外，有左旋和右旋两种。根据山字的数目可分为三山镜、四山镜、五山镜、六山镜 4 种。

山字镜大约在春秋晚期已经产生，主要流行于战国早中期，战国晚期至汉初基本消失。特别是四山镜出土数量最多，在湖南地区发掘的楚墓所获的铜镜中，它占有 70%～80%。

[1] 孔祥星，刘一曼. 中国古代铜镜. 北京：文物出版社，1984（12）：30～35.

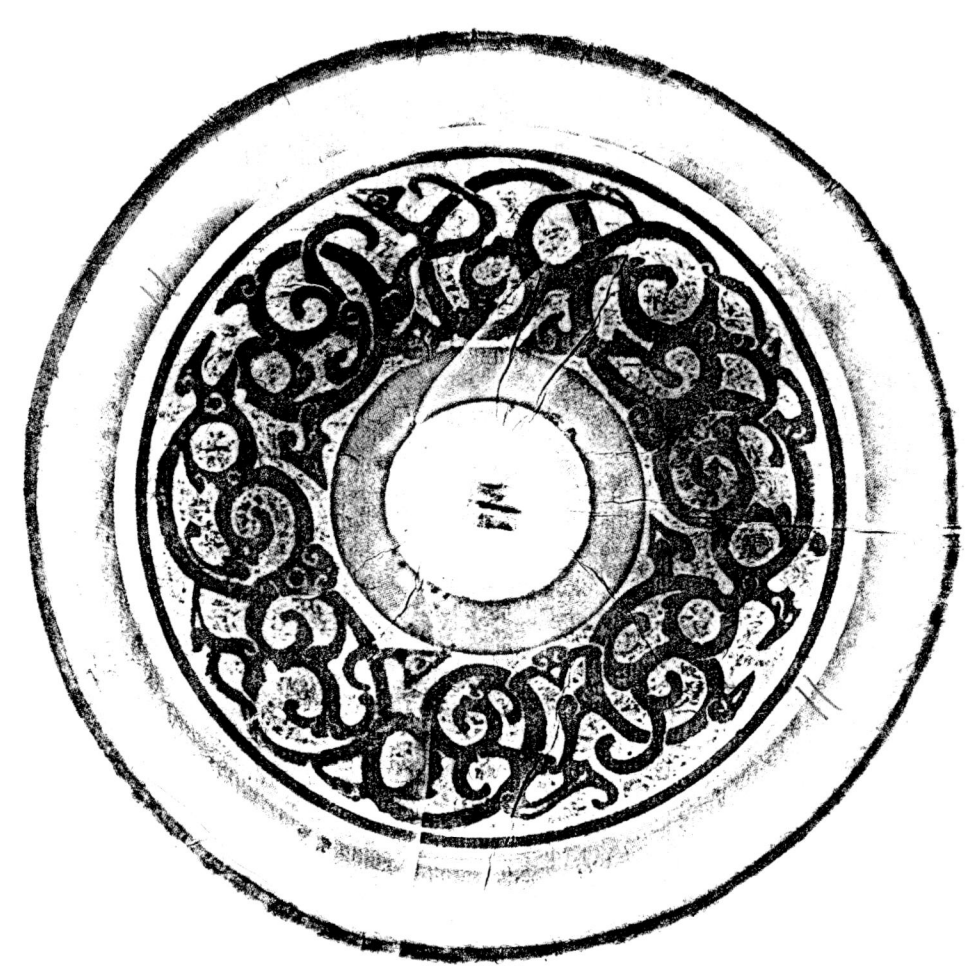

蟠螭纹镜

图 7
西汉
直径 14.4 厘米，重 248 克。

圆形，三弦钮，圆形钮座，内凹式卷缘。座外为一圈凹面宽弦纹，地纹为不太清晰的细云雷纹，主纹为缠绕式排列的蟠螭纹，蟠螭由凸起的宽平单线条组成。

春秋后期至战国前期，铜镜上开始出现蟠螭纹。它是一种变异的龙、蛇图案，身躯盘曲流畅，蟠螭之间相互缠绕，有的有首、尾、腹、足，有的则完全图案化，很难辨其首尾腹足。

圈带四花镜

图 8
西汉
直径 7.9 厘米，重 35 克。

圆形，三弦钮，圆形钮座较浅，若隐若现，宽平缘。主纹为一凸面圈带上压 4 朵花，四花由乳钉纹花蕊和四桃形凸面花瓣组成，以不规则的云雷纹衬底。

西安市文物保护考古所收藏有一面四花镜[1]，1976 年 9 月，西安市新城区韩森寨北十一队出土，圈带上压 4 朵花，不同的是它没有地纹，连弧纹镜缘，图案更清晰，制作更精细，看起来更美观。此式铜镜纹饰简单，出土较少。其构图与西汉早期蟠螭纹镜上的四花叠压圈带的特征相似。四花形纹为战国桃形或心形花瓣的孑遗。

[1] 西安市文物保护考古所编著. 西安文物精华——铜镜. 西安：世界图书出版西安公司，2008（11）：8.

三叶三龙镜

图9

西汉

直径8.5厘米,重35克。

圆形,三弦钮,圆形钮座,内凹式卷缘。钮座外为一圈凹面宽弦纹,宽弦纹外两圈栉齿纹间为纹饰带,纹饰由地纹和主纹组成,地纹为云雷纹,主纹被三叶形纹分为3区,每区有一条盘曲缠绕的龙纹,身躯为折叠菱纹,与叶纹勾连。由于主纹饰为双线条勾勒,地纹也为双线勾勒,因此纹饰主次不分明,看起来有点乱。

这种叶纹和龙纹组合的纹饰题材在战国晚期西汉早期墓葬中多有出土,淄博市临淄区西汉早期墓出土8面[1]、南阳地区西汉早期墓葬出土15面[2]、六安出土4面[3]。

[1] 山东省文物考古研究所编.鉴耀齐鲁——山东省文物考古研究所出土铜镜研究.北京:文物出版社,2009(5):160~164.
[2] 南阳市文物考古研究所编.南阳出土铜镜.北京:文物出版社,2010(12):137~145。
[3] 安徽省文物考古研究所,六安市文物局编.六安出土铜镜.北京:文物出版社,2008(8):28、32、43、59.

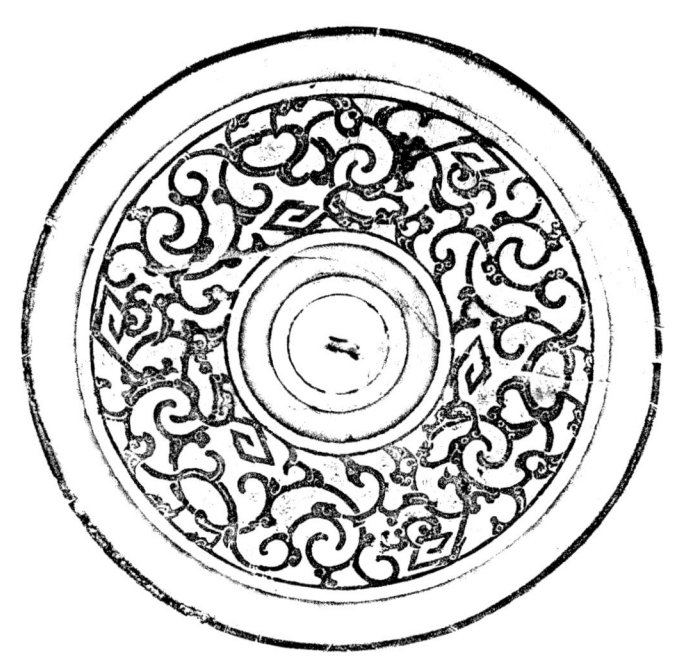

六龙镜

图10

西汉

直径15.8厘米，重234克。

圆形，三弦钮，圆形钮座，内凹式卷缘。钮座外为一圈凹面宽弦纹，宽弦纹外两圈栉齿纹间为纹饰带，纹饰由3组六龙图案组成，龙纹线条流畅，造型生动，整体图案是交连式，由凸起的宽平单线条组成。一龙首靠近内圈栉齿纹，另一龙首紧挨它的躯体，龙首侧视，龙角呈菱形回纹，龙躯蜿蜒呈"S"形，盘旋作蔓枝状相连，组成繁密的图案，以云雷纹为地纹。

龙作为纹饰起源很早[1]，距今7 000年前的红山文化墓葬中，首次发现了玉龙。商代早期青铜器上龙纹形象并不具体，商代中期已有比较明确的形象。在商代青铜器纹饰中，凡是蜿蜒形体躯的动物都可归之于龙纹。商到西周时代以爬行龙纹为主，除了少数有立体龙的装饰，一般平雕的纹饰只见龙的侧面形象。到了西周晚期以卷体回顾式龙纹为多。春秋、战国之际盛行卷龙纹和交龙纹，即龙的体躯作蜷曲状或是两龙相交状。这种纹饰比较粗壮的称蟠螭纹，较小而密繁式排列的称蟠虺纹。在战国铜镜上，一般都是蟠螭纹，镜背上一般以3到4组构成一个整体的图案。这类题材的纹饰，在战国铜镜上曾流行一时，但在同一地区，不同工匠设计的图案，只能大致相同。

[1] 上海博物馆编.练形神冶 莹质良工——上海博物馆藏铜镜精品.上海：上海书画出版社，2005（4）：100.

席地纹镜

图 11

西汉

直径 18 厘米,重 700 克。

圆形,钮残,连珠纹钮座,内凹式卷缘。座外一圈凹面宽弦纹,其外排列着整齐的席地纹。

扶风县博物馆藏有一面蟠螭纹镜[1],主纹饰与之相近。

[1] 扶风县博物馆编.镜鉴千秋——扶风县博物馆馆藏铜镜集萃.西安:陕西出版传媒集团、三秦出版社,2014(4):13.

大乐贵富蟠龙纹镜

图 12

西汉

直径 17 厘米，重 565 克。

圆形，三弦钮，双龙纹钮座，内凹式卷缘。钮座外饰两组双圈绳索纹，两组绳索纹之间为铭文带，顺时针旋读为"大乐贵富，千秋万岁，宜酒食"，以鱼纹图案结句。外圈双绳索纹与缘内单圈绳索纹之间为纹饰带，4 株 3 层草叶纹将纹饰带分为 4 区，每区置龙纹一组，云雷纹衬地。龙圆眼，张口露齿，卷唇，头顶有角，三角形耳，两前肢向左右伸张，爪甲尖利，身躯作复杂的盘旋纠结。

上海博物院[1]、晋祠博物馆[2]藏有相同的铜镜，本馆这面尺寸更大些。

[1] 上海博物馆编. 练形神冶 莹质良工——上海博物馆藏铜镜精品. 上海：上海书画出版社，2005（4）：136.
[2] 晋祠博物馆编. 鉴于岁月——晋祠博物馆馆藏铜镜选. 太原：山西出版传媒集团、山西经济出版社，2014（12）：44.

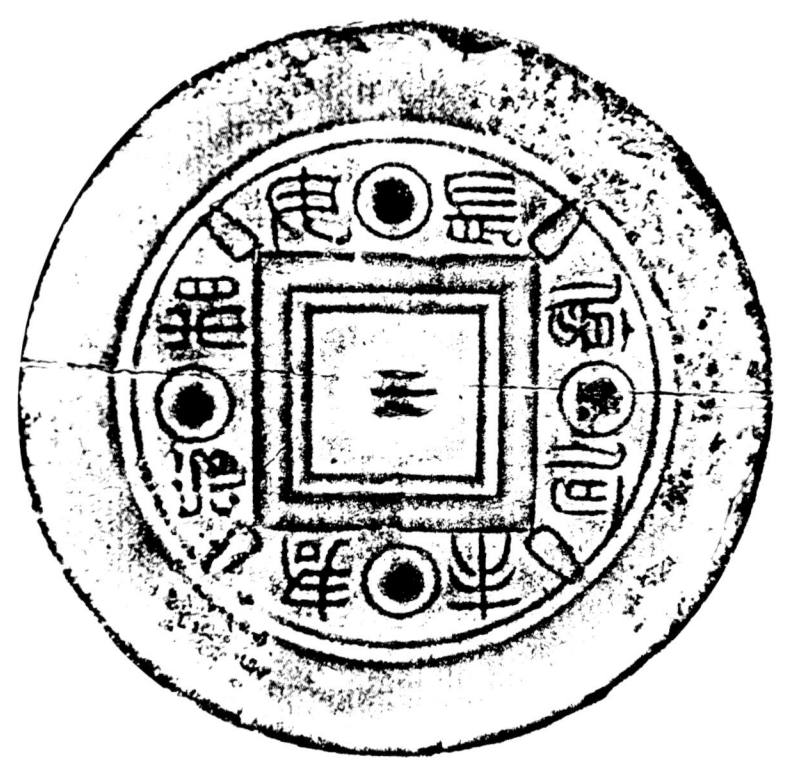

君来何伤镜

图13

西汉

直径7.3厘米，重40克。

圆形，三弦钮，方形钮座，内凹式卷缘。钮座外为一圈内凹形方框，方框四边正中各有一枚带圆座乳钉，乳钉两侧各篆书一字，逆时针旋读"君来何伤，长毋相忘"8个字，方框四角外各伸出一桃形叶纹。

清华大学艺术博物馆藏铜镜中有一面"时来何伤，长乐未央"铜镜[1]，《中国铜镜史》有相近的一面[2]，汉景帝阳陵出土一面"君来何伤，慎毋相忘"铜镜，除铭文稍有不同外，其余皆相同[3]。"何伤"意为没有妨害。《楚辞·离骚》："虽萎绝其亦何伤兮。"《楚辞·九章·涉江》："虽僻远之何伤。"《论语·先进》："子曰：何伤乎？亦各言其志也。"在存世之同类"何伤"铭镜中，还可以见到"谤言众兮有何伤""君来何伤，慎毋相忘""久游何伤，长毋相忘""与天为常，善哉毋伤"等铭文。

[1] 清华大学艺术博物馆编.必忠必信——清华大学艺术博物馆藏铜镜.上海：上海书画出版社，2017（4）：90.

[2] 管维良.中国铜镜史.重庆：重庆出版社，2006（2）：113.

[3] 汉景帝阳陵博物院编.巍乎盛景——汉阳陵考古陈列馆基本陈列.西安：三秦出版社，2020：157.

发达兴盛的战国秦汉铜镜 019

长毋相忘镜

图 14
西汉
直径 7.6 厘米，重 50 克。

　　圆形，三弦钮，正方形钮座，内凹式卷缘。钮座外为两圈凸弦纹形成的凹形方框。方框外边正中有 4 个双重圆圈，代表乳钉，乳钉两侧各篆书一字，逆时针旋读为"常乐未央，长毋相忘"8 个字，方框四角各有一花叶。

长毋相忘镜

图 15
西汉
直径 8.3 厘米，重 50 克。

　　圆形，钮残缺，双线方框钮座，内凹式卷缘。方框外边正中各有一个花叶，花叶两侧各篆书一字，每边两字，逆时针旋读为"常乐未央，长毋相忘"8 个字，方框四角各有一带圆座的乳钉。

四乳四叶纹镜

图 16

西汉

直径 7.9 厘米，重 40 克。

圆形，钮残，圆形钮座，内凹式卷缘。钮座外为两圈凸弦纹，4个曲尺形图案将镜背四等分，每个曲尺内有一枚带圆座的乳钉，曲尺间为双层草叶纹。

四乳圈带镜

图 17

西汉

直径 8.0 厘米，重 55 克。

圆形，三弦钮，圆形钮座，内凹式卷缘。钮座外两圈凸弦纹，一圈三角纹，三角纹外两圈凸弦纹上压有 4 枚乳钉，其外为一圈内向十二连弧纹和一圈凸弦纹。

云纹镜

图 18
西汉
直径 7.2 厘米，重 30 克。

圆形，三弦钮，圆钮座，内凹式卷缘。座外两圈凸弦纹之间为纹饰带，纹饰为双斜线菱格纹，格内填以云纹。

长毋相忘镜

图 19
西汉
直径 9.2，残重 55 克。

圆形，三弦钮，圆形钮座，内凹式卷缘。钮座外两圈凸弦纹之间为铭文带，带内饰四乳钉将空间分为 4 区，每区篆书两字，逆时针读为"常乐未央，长毋相忘" 8 个字，铭文带外为十六内向连弧纹。

四乳连弧圈带镜

图20

西汉

直径9.3厘米，重120克。

圆形，钮残，圆形钮座，内凹式卷缘。座外为两圈圈带，外圈圈带上压4枚乳钉，其外为十二内向连弧纹。

淄博市临淄区乙烯生活区工地出土两面铜镜与此相同[1]，一面出土于棺内足部，一面出土于棺内头部右侧，都是三弦钮，十六内向连弧纹。

《南阳出土铜镜》有两面铜镜与之相似[2]，三弦钮。一面为十二内向连弧纹，连弧纹个数与本院这面相同，但圈带上乳钉比它小。另一面为十六内向连弧纹，连弧纹个数与本院这面不同，但圈带上乳钉大小与本院这面相同。《荆楚博古馆藏镜》有一面与之相同[3]。

[1] 山东省文物考古研究所编.鉴耀齐鲁——山东省文物考古研究所出土铜镜研究.北京：文物出版社，2009（5）：167.
[2] 南阳市文物考古研究所编.南阳出土铜镜.北京：文物出版社，2010（12）：85.
[3] 余建军编著.荆楚博古馆藏镜.北京：地质出版社，2018（7）：26.

四乳四龙镜

图 21
西汉
直径 11.8 厘米，重 174 克。

圆形，三弦钮，圆形钮座，内凹式卷缘。座外为一圈凹面宽弦纹，其外 4 枚乳钉将主纹饰分为 4 区，每区一条龙纹，云雷纹衬底。龙躯体细长，作 "S" 形爬行状，龙首正视呈三角形、凸吻、圆眼，三角形双耳竖立。由于空间原因，只表现了两条腿，两腿分布在身体两侧，腿根部肌肉发达。尾巴被后面的龙叼在嘴里，充满了生活情趣。

这种三角形头、双圆眼、身躯细长的龙纹镜，在山东淄博市临淄区乙烯生活区工地出土 4 面[1]。

[1] 山东省文物考古研究所编. 鉴耀齐鲁——山东省文物考古研究所出土铜镜研究. 北京：文物出版社，2009（5）：358.

四乳四螭镜

图22
西汉
直径9.6厘米，重100克。

圆形，三弦钮，圆形钮座，内凹式卷缘。钮座外凹面宽弦纹与十六内向连弧纹之间为纹饰带。4枚乳钉将纹饰带分为4区，每区一条倒"S"形螭龙纹。螭龙回首，身体扁平，略去嘴、足等细部，头、尾、身都与表示骨骼的小乳钉连接。

蟠螭纹在春秋战国已经出现[1]，一般都是单个形体，不作相互缠结，只是身体蜷曲而已。西汉的蟠螭纹与之相比，明显有继承关系，但手法和纹样配置有新的发展。其中之一就是主纹由单线表现发展为双线或三线表现，使纹样的体积感更强。另外龙身经常演化为类似勾云纹的形状，转折处有小涡纹，在"S"形螭龙身两侧的空隙里，常常各有一鸟。

[1] 西安市文物保护考古所编著.西安文物精华——铜镜.西安：世界图书出版西安公司，2008（11）：14.

服者君王镜

图 23

西汉

直径 13.2 厘米，重 275 克。

圆形，圆钮，四蒂纹钮座，内凹式卷缘。座外为两个内凹形方框，两方框之间为铭文带，逆时针篆书"见日之光，天下大阳，服者君王"12 个字。方框的每边中间各饰有一枚带圆座的乳钉，乳钉两边各饰一花叶。

日光镜

图 24
西汉
直径 5.1 厘米，重 25 克。

圆形，圆钮，圆形钮座，内凹式卷缘。钮座和弦纹间由短线相连，钮座外两圈细弦纹之间为铭文带，其铭文为"见日之……"字与字之间以田字和弧形符号相间隔。

这面日光镜为内凹式卷缘，镜钮为体积超大的半圆形钮，直径小，铭文也不完整，应该是日光镜的早期产品。因为大圆钮与内凹式卷缘相配，不利于铸造时的冷却收缩，所以容易出现铸造缺陷。汉景帝阳陵出土了一件内凹式卷缘的日光镜[1]，镜钮为战国流行的弦式钮，说明文景时期已经生产日光镜了。陕西省历史博物馆藏有多面内凹式卷缘的日光镜[2]。有的为弦式钮，有的为半球钮，铭文有的分布在钮座外方框的四周，有的分布在座外圆形圈带内，说明此时的日光镜还没有定型，处于探索阶段。

[1] 汉景帝阳陵博物院编. 巍乎盛景——汉阳陵考古陈列馆基本陈列. 西安：三秦出版社，2020：154.
[2] 陕西历史博物馆编. 千秋金鉴——陕西历史博物馆藏铜镜集成. 西安：陕西出版集团、三秦出版社，2012（10）：44～46、97、105.

日光镜

图 25
西汉
直径 6.9 厘米，重 400 克。

圆形，圆钮，圆形钮座，窄平缘。钮座和凸弦纹间由短线相连，两圈细弦纹间为铭文带，铭文为"见日之光……"。

日光镜是西汉时期的主要镜类之一，其铭文有"见日之光，天下大明""见日之光，长毋相忘"等，反映出人们对美好生活的向往。

日光镜

图 26
西汉
直径 8.9 厘米，重 130 克。

圆形，圆钮，圆形钮座，平缘。钮座外一圈八内向连弧纹，钮座与连弧纹之间以短线连接。两圈栉齿纹间为铭文带，铭文为"见日之光，天下大明"，每字间以云纹符号相间隔。

日光镜出现于文景时期，流行于西汉中晚期及王莽时期，个别可晚到东汉早期，东汉中期以后消失[1]。

[1] 程林泉、韩国河著.长安汉镜.西安：陕西人民出版社，2002（6）：104.

日光镜

图 27
西汉
直径：7.4厘米，重90克。

圆形，圆钮，圆形钮座，宽平缘。钮座外为一圈八内向连弧纹，钮座与连弧纹之间以短线连接。栉齿纹与连弧纹之间为铭文带，篆书铭文为"见日之光，长不相忘"，每字间以云纹和"田"字符号相间隔。

日光镜

图 28
西汉
直径8.5厘米，重100克。

圆形，圆钮，连珠纹钮座，宽平缘。钮座外一圈凸弦纹，两圈栉齿纹间为铭文带，其铭文为"见日之光，长毋相忘"8个字，每字之间以卷云纹图案相隔。

日光镜

图 29

西汉

直径 8.2 厘米,重 80 克。

圆形,圆钮,圆形钮座,宽平缘。钮座外为一圈八内向连弧纹,连弧纹与钮座之间以弧线连接。两圈栉齿纹间为铭文带,其铭文为"见日之光,天下大明",每字间以云纹和"田"字符号相间隔。

日光镜

图 30
西汉
直径 8.2 厘米，重 135 克。

圆形，圆钮，圆形钮座，宽平缘。钮座外一圈宽凸弦纹，两圈栉齿纹间为铭文带，铭文为"见日之光，天下大明"，每字间以云纹和"田"字符号相间隔。

日光镜

图 31
西汉
直径 6 厘米，重 35 克。

圆形，圆钮，圆形钮座，宽平缘。座外凸弦纹与栉齿纹间为铭文带，其铭文为"见日之光，天下大王"，每字之间以云纹图案相隔。

发达兴盛的战国秦汉铜镜 033

034　镜花风月·咸阳博物院铜镜集萃

昭明镜

图 32
西汉
直径 7.6 厘米，重 45 克。

圆形，圆钮，圆形钮座，窄平缘。钮座外为一圈平凸棱，钮座与平凸棱间以短线连接，平凸棱外为一圈内向连弧纹，平凸棱与连弧纹之间以弧线连接，连弧纹外两圈栉齿纹间为铭文带，铭文为"内而清而以而昭而明，光而日月不泄"15 个字，"日"和"月"之间有一横线隔开。

昭明镜完整铭文为"内清质以昭明，光辉向夫日月，心忽扬（穆）而愿忠，然雍塞而不泄"。但多数昭明镜由于位置、字体等原因，有的有减字现象，使镜铭不完整，有的有增字现象，字与字之间或几个字之间填补一个"而"字，补充不够的字数。总之，铭文字句的多少，取决于镜的大小，没有定制。

昭明镜

图 33
西汉
直径 9 厘米,重 80 克。

圆形,圆钮,圆形钮座,窄平缘。钮座外为一圈平凸棱,钮座与平凸棱间以短线连接,平凸棱外为一圈内向连弧纹,平凸棱与连弧纹之间以弧线连接,连弧纹外两圈栉齿纹间为铭文带,变篆体铭文为"内清之以昭明,光而象夫日月,心忽不泄"16 个字。

昭明镜出现于西汉文景时期,流行于西汉中晚期及王莽时期,东汉早期以后消失[1]。

[1] 程林泉,韩国河著.长安汉镜.西安:陕西人民出版社,2002(6):116.

昭明镜

图 34

西汉

直径 11.4 厘米，重 190 克。

圆形，圆钮，连珠纹钮座，平缘。钮座外为一圈平凸棱，平凸棱外为一圈八内向连弧纹，平凸棱与连弧纹之间装饰相间隔的云纹和山字纹。连弧纹外两圈栉齿纹间为铭文带，变篆体铭文为"内清之以昭明，光而象夫日月，心忽而忠，然而不泄"20 个字，"泄"后两点作为起始符号与"内"隔开。镜背留有朱砂。

陕西历史博物馆藏有多面昭明镜[1]。

[1] 陕西历史博物馆编. 千秋金鉴——陕西历史博物馆藏铜镜集成. 西安：陕西出版集团、三秦出版社，2012（10）：118～146.

昭明镜

图 35

西汉

直径 8.3 厘米，重 80 克。

圆形，圆钮，圆形钮座，平缘。钮座外为一圈八内向连弧纹，钮座与连弧纹之间饰相互间隔的山字纹和云纹。连弧纹外两圈栉齿纹间为铭文带，变篆体铭文为"内清之以昭明，光之象夫日月，心忽"。

《洛阳烧沟汉墓》认为[1]：日光镜的铭文只有 8 个字，在直径 8 厘米以内的镜都用日光镜铭。昭明镜的镜铭较长，在直径 8 厘米以上的镜用昭明镜铭较多，两者绝不乱用，当时刻范的工匠采用哪一种铭文，是决定于所要铸的镜的大小的。由此可知日光镜和昭明镜在时代上是无先后的，有不少墓葬同时出土这两种铜镜。通过对山东[2]及南阳[3]出土的近 200 面日光镜和昭明镜统计发现，日光镜直径多数在 8 厘米以下，直径在 8 厘米以上者只有少数几面。昭明镜直径多数在 8 厘米以上，8 厘米以下者仅有几面，基本符合以上观点。

[1] 中国科学院考古研究所编. 洛阳烧沟汉墓. 北京：科学出版社，1959（12）：160~176.
[2] 山东省文物考古研究所编. 鉴耀齐鲁——山东省文物考古研究所出土铜镜研究. 北京：文物出版社，2009（5）：394~418.
[3] 南阳市文物考古研究所编. 南阳出土铜镜. 济南：山东省文物考古研究所编物出版社，2010（12）：273~329.

昭明镜

图36

西汉

直径12.7厘米，重280克。

圆形，圆钮，连珠纹钮座，平缘。钮座外为一圈平凸棱，钮座与平凸棱间以三线兼单线连接，平凸棱外为一圈八内向连弧纹，连弧纹与平凸棱之间以短弧线连接，连弧纹间填三角纹，连弧纹外两圈栉齿纹间为铭文带，铭文顺时针旋读为"内清质以昭明，光而象夫日月，心忽而忠，然雍塞而不泄兮可"24个字。

昭明镜

图37
西汉
直径8.6厘米，重100克。

圆形，圆钮，圆形钮座，宽平素缘。钮座外一圈八内向连弧纹，钮座与连弧纹间以弧线连接。连弧纹外两圈栉齿纹间为铭文带，变篆体铭文为"内而清而以而昭而明，光而象夫日月不"16个字。"而"字有些隔一字一个，有些隔几字一个。

昭明镜

图38
西汉
直径 12.3 厘米，重 280 克。

圆形，圆钮，连珠纹钮座，平缘。钮座外为一圈平凸棱，平凸棱外为一圈八内向连弧纹，连弧间饰有山字纹和云纹，它们相间排列。连弧纹外两圈栉齿纹间为铭文带，变篆体铭文为"内清之以昭明，光而象夫日月，心忽穆而愿忠，然雍塞而不泄"24 个字，"泄"后一起始符号与"内"隔开。

这四句的意思是吸收清质人仕的政策已经显明，吸收清质人仕的德光如同日月照耀天下，暗下决心而为之效忠，但是为朝廷尽忠的途径被堵塞而无路可走[1]。是未得赏官的士人抒发心迹、发泄不满，忠臣节仕立志明义的产物，和楚辞有很深的渊源。

[1] 张昀.西汉蟠螭纹清质镜铭文考释——兼谈昭明镜的流行背景及时间.东方考古，2021（00）.

昭明镜

图 39
西汉
直径 7.1 厘米，重 105 克。

圆形，圆钮，连珠纹钮座，宽平缘。钮座外为一圈平凸棱，靠近镜缘为一圈栉齿纹，平凸棱与栉齿纹间为铭文带，篆隶体铭文为"内清质以昭明，光辉象夫日月，心忽穆"15 个字，"穆"后以"十"字作为起始符号与"内"隔开。这面铜镜字体较大，字多圆笔。

昭明镜

图40

西汉

直径9.5厘米,重180克。

圆形,圆钮,圆形钮座,宽平缘。钮座外为一圈八内向连弧纹,连弧纹间以弧线连接。连弧纹外两圈栉齿纹间为铭文带,方隶铭文为"内清质以昭明,光而象夫日月,心忽而不泄"17个字,"内"和"泄"之间有一隔字符号。

昭明镜

图41
西汉
直径11.5厘米,重385克。

圆形,圆钮,圆形钮座,宽平缘。钮座外为一圈平凸棱,钮座与平凸棱之间以短线连接,短线为双短线与三短线交替排列,平凸棱外为一圈十二内向连弧纹,连弧纹外两圈栉齿纹间为铭文带,方隶铭文为"内而清而质而以而昭而明而光而象而夫而日而月而不泄","泄"后一横作为起始符号与"内"隔开。

西汉晚期、新莽时期流行篆隶式变体字,镜铭中亦多加"而"字。字体方正的"而"字镜大约从宣、元开始出现,流行于西汉晚期、新莽时期,东汉早期以后消失[1]。

[1] 程林泉,韩国河著.长安汉镜.西安:陕西人民出版社,2002(6):117.

昭明镜

图42
西汉
直径8厘米,重110克。

圆形,圆钮,圆形钮座,宽平缘。钮座外为一圈十二内向连弧纹,钮座与连弧纹之间以短线连接。连弧纹外两圈栉齿纹间为铭文带,方隶铭文为"内而清而以昭明,光而象夫日月,心不泄"16个字。

昭明镜

图 43
西汉
直径 11.7 厘米，重 425 克。

圆形，圆钮，圆形钮座，宽平缘。钮座外为一圈平凸棱，平凸棱外为一圈八内向连弧纹，平凸棱与连弧纹间以弧线连接。连弧纹外两圈栉齿纹间为铭文带，方隶铭文为"内而清而以昭而明，光而象夫而日之月，而心忽而忠不泄"，"而"字有些隔一字一个，有些隔几字一个。"泄"后一横作为起始符号与"内"隔开。

发达兴盛的战国秦汉铜镜 051

昭明镜

图44
西汉
直径8.9厘米，重140克。

　　圆形，圆钮，圆形钮座，宽平缘。钮座外为一圈八内向连弧纹，连弧间以短弧线连接。连弧纹外两圈栉齿纹间为铭文带，方隶铭文为"内而清而质而以昭而明，光而象夫日月心泄"18个字，"泄"和"内"之间两个点，作为起始符号。

昭明镜

图 45
西汉
直径 11 厘米,重 300 克。

　　圆形,圆钮,柿蒂纹钮座,宽平缘。整个镜背有三圈栉齿纹,一圈平凸棱,一圈铭文带。方隶铭文为"内而青(清)而以而昭而明,而光而象夫日而月,而之而"20个字。"而"与"内"之间以三横作为起始符号隔开。

铜华镜

图 46

西汉

直径 18.7 厘米，重 1 015 克。

圆形，圆钮，连珠纹钮座，宽平缘。钮座外一圈栉齿纹，一圈平凸棱，一圈八向内连弧纹，平凸棱与连弧之间由短线连接。连弧纹外两圈栉齿纹间为铭文带，方隶铭文为"湅冶铜华清而明，以之为镜而宜文章，以延年益寿去不羊，与天无极而日光，千秋" 32 个字。"秋"与"湅"字之间有隔字符号。此镜体厚重，铸造精良。

铜华镜的铭文多为"湅冶铜华清而明，以之为镜而宜文章，以延年益寿去不羊，与天无极而日月之光，长乐未央"，一般用于铜华连弧镜。还有"清治（冶）铜华以为镜，昭察衣服观容貌，丝组杂遝（沓）以为信，清光兮宜佳人"一般用于铜华云雷纹镜[1]。

[1] 程林泉，韩国河著.长安汉镜.西安：陕西人民出版社，2002（6）：121.

铜华镜

图 47
西汉
直径 17.5 厘米，重 860 克。

圆形，圆钮，柿蒂纹钮座，宽平缘。柿蒂间饰长脚花针篆书，顺时针旋读为"长宜子孙"4个字。柿蒂外饰一圈栉齿纹，一圈平凸棱，一圈八向内连弧纹，连弧的夹角饰有4组相间的简化飞鸟和山字纹，连弧纹外两圈栉齿纹间为铭文带，铭文隶书"湅冶铜华清而明，以之为镜宜文章，延年益寿去不羊，与天无亟而日光，长乐未央"32个字。

铜华镜一般分为三类，第一类为铜华连弧铭带镜，较为常见；第二类为铜华云雷纹铭带镜，也占有一定比例；第三类为铜华圈带铭带镜，较为少见。铜华镜文景时期已经出现，主要流行于西汉晚期[1]。

---

[1] 程林泉，韩国河著. 长安汉镜. 西安：陕西人民出版社，2002（6）：121.

铜华镜

图48
西汉
直径17厘米，重915克。

圆形，圆钮，柿蒂纹钮座，柿蒂间有花苞纹，宽平缘。座外一圈栉齿纹，一圈平凸棱，一圈八内向连弧纹，连弧纹与平凸棱之间以短线连接。连弧纹外两圈栉齿纹间为铭文带，铭文右旋读为"涷治铜华清而明，以之为镜因宜文章，延年益寿去不羊（祥），与天无极而日光，千秋万（岁）"。

陕西历史博物馆藏有多面铜华镜[1]。

[1] 陕西历史博物馆编.千秋金鉴——陕西历史博物馆藏铜镜集成.西安：陕西出版集团、三秦出版社，2012（10）：147~161.

铜华镜

图 49
西汉
直径 13.4 厘米，重 315 克。

圆形，圆钮，连珠纹钮座，宽平缘。钮座内被十字隔成 4 部分，每部分 3 个连珠，连珠外两朵云纹。钮座外为两圈平凸棱，平凸棱之间为铭文带，铭文隶书，顺时针旋读为"清治（冶）铜华以为镜，昭察衣服观容貌，丝组杂逻（沓）以为信，清光宜人" 25 个字。外圈凸棱与镜缘间为纹饰带，由 8 组云雷纹组成。

此型铭文镜，多与云雷纹组合，铭文在内圈则云雷纹在外圈，铭文在外圈则云雷纹在内圈。西安市文物保护考古所收藏有一面清治（冶）铜华镜[1]，它的云雷纹在内圈，铭文带在外圈。

[1] 西安市文物保护考古所编著.西安文物精华——铜镜.西安：世界图书出版西安公司，2008（11）：30.

铜华昭明镜

图 50

西汉

直径 18.8 厘米，重 1 040 克。

圆形，圆钮，柿蒂纹钮座，柿蒂间有花苞纹，宽素平缘。座外四圈栉齿纹，两圈平凸棱，两圈铭文带。内圈铭文顺时针旋读"内而清而质而以而昭而明，而光而象而夫而日而月，而心而不而泄"27 个字，每字之间隔以"而"字。外圈铭文顺时针旋读"涑冶铜华清而明，以之为镜宜文章，延年益寿去不羊（祥），与天无极而日月之光，千秋万岁乐未央"37 个字。

重圈铭文镜出现于西汉早中期，常见于西汉晚期。应该是日光镜或昭明镜的衍生物[1]。

[1] 程林泉，韩国河著. 长安汉镜. 西安：陕西人民出版社，2002（6）：126.

发达兴盛的战国秦汉铜镜 061

皎光昭明镜

图 51

西汉

直径 15 厘米，重 485 克。

圆形，圆钮，连珠纹钮座，平缘。钮座外两圈平凸棱，五圈栉齿纹，两圈铭文带。内区铭文顺时针旋读为"内清质以昭明，光辉象夫日月，心忽穆愿忠，然雍塞不"21 个字。外区铭文为"姚皎光而耀美，挟佳都而承间，怀骥察而性宁，志存神而不迁，得并执而不衰，精昭折而侍君乎止"38 个字。

在西汉镜铭之中，皎光镜铭文极为少见，其文字诡谲多变最为难读，释文分歧，仁智纷现。《汉皎光镜铭文释考》一文[1]，对其文义进行考释，并对镜的制作时间和铭文作者进行探讨。长治市博物馆有一面皎光昭明铭铜镜[2]，西安文物保护研究所[3]、清华大学艺术博物馆各有一面皎光日光铭镜[4]。

[1] 马良民.汉皎光镜铭文释考.东方考古，2021（00）.
[2] 崔利民.西汉"皎光佳都"铭文与东汉博局禽兽纹铭文镜考释.文物世界，2003（04）.
[3] 西安市文物保护考古所编著.西安文物精华——铜镜.西安：世界图书出版西安公司，2008（11）：33.
[4] 清华大学艺术博物馆编.必忠必信——清华大学艺术博物馆藏铜镜.上海：上海书画出版社，2017（4）：100.

发达兴盛的战国秦汉铜镜 063

日光昭明镜

图52
西汉
直径10厘米,重200克。

圆形,圆钮,连珠纹钮座,平缘。钮座外两圈平凸棱,两圈栉齿纹,两圈铭文带。凸棱之间铭文顺时针旋读为"见日之光,长毋相忘",字与字之间以云纹间隔。栉齿纹之间铭文为"内清质以昭明,光辉象夫日月,心忽而愿忠,然雍塞而不泄"23个字。

清白镜

图 53

西汉

直径 14.5 厘米，重 30 克。

圆形，圆钮，连珠纹钮座，窄平缘。钮座外一圈栉齿纹，一圈平凸棱，一圈八内向连弧纹，凸棱与连弧纹之间以涡纹和弧线连接。连弧纹外两圈栉齿纹间为铭文带，字体为篆隶变体，顺时针旋读为"絜（洁）清白而事君，志之合（弇）明，玄而锡之流泽，恐疎（疏）而日忘美，外承之京（景），思而毋绝" 30 个字。

此镜出土于马泉汉墓椁内[1]，其墓葬年代为西汉晚期。

[1] 咸阳市博物馆. 陕西咸阳马泉西汉墓. 考古，1979（2）.

清白镜

图 54
西汉
直径 13.2 厘米，重 210 克。

圆形，圆钮，连珠纹钮座，窄平缘。钮座外一圈平凸棱，一圈八内向连弧纹，平凸棱与连珠纹之间以交替的单直线和三直线连接，平凸棱和连弧纹之间以交替的双弧线和"山"字纹连接。连弧纹外两圈栉齿纹间为铭文带，字体为篆隶变体，顺时针旋读为"絜（洁）而清而白而事而君，志而污之合明，□玄□流，日而"21 个字。

清白镜出现于西汉中期偏晚，多见于西汉晚期[1]。清白镜的全铭为"洁清白而事君，怨阴驩之弇明，焕玄锡之流泽，志疏远而日忘，慎糜美之穷皑，外承驩之可说，慕窈窕于灵泉，愿永思而毋绝"。

[1] 程林泉，韩国河著. 长安汉镜. 西安：陕西人民出版社，2002（6）：119.

清白镜

图55
西汉
直径17.2厘米，重565克。

圆形，圆钮，连珠纹钮座，平缘。钮座外一圈栉齿纹，一圈平凸棱，一圈八内向连弧纹。连弧纹外两圈栉齿纹间为铭文带，字体为篆隶变体，顺时针旋读为"絜（洁）清白而事君，志騳之合（弇）明，焕玄锡之流泽兮，恐疏兮而日忘美□人，外承可兑（说），愿永思而毋绝"。

陕西历史博物馆藏有多面清白镜[1]。

[1] 陕西历史博物馆编.千秋金鉴——陕西历史博物馆藏铜镜集成.西安：陕西出版集团、三秦出版社，2012（10）：162~167.

日有熹镜

图56
西汉
直径15.7厘米，重520克。

圆形，圆钮，连珠纹钮座，宽平缘。座外一圈平凸棱，一圈八内向连弧纹，连弧纹间装饰有弧线及"山"字形图案。连弧纹外两圈栉齿纹间为铭文带，字体为方篆隶，铭文顺时针旋读为"日有喜，月有富，乐无忧，常得意，美人会，芋瑟侍，贾市利，万事平，老复丁，口（死）复生，口子孙"。

日有熹铭最早用于西汉中期的草叶纹镜中，铭文为"日有熹，宜酒食，长贵富，乐毋事"。在西汉晚期用于连弧纹镜中，陕西、河南等地均有发现，全国发现较少。铭文除上述内容外，还有"日有熹，月有富，乐无有事，宜酒食，居而必安，无忧患，竽瑟侍兮，心志欢，乐已茂极，固常然"。

四乳四虺镜

图 57
西汉
直径 9.2 厘米，重 170 克。

圆形，圆钮，圆形钮座，宽平缘。座外为一圈平凸棱，钮座与平凸棱之间以 4 组短线连接。凸棱外两圈栉齿纹间为纹饰带，4 个带圆座的乳钉将纹饰分为 4 区，每区由一个虺纹及两只小鸟组成，虺为钩形躯体，两端同形，躯体内外两侧各饰一只小鸟，小鸟清晰，外大内小。

四乳四虺镜以镜中突出的四乳钉为特点，在乳钉间饰有极为简化的四虺纹，并在虺背腹的空白处填饰鸟纹图案等，其流行于西汉晚期至新莽时期，延续使用至东汉早期[1]。

[1] 南阳市文物考古研究所编.南阳出土铜镜.北京：文物出版社，2010（12）：76.

四乳四虺镜

图 58
西汉
直径 11.8 厘米，重 325 克。

圆形，圆钮，连珠纹钮座，宽平缘。座外为一圈平凸棱，平凸棱外两圈栉齿纹间为纹饰带，4个带圆座的乳钉将纹饰分为4区，每区由一个虺纹及两只小鸟组成，虺为钩形躯体，躯体内外两侧各饰一个鸟纹。

发达兴盛的战国秦汉铜镜 071

072 镜花风月·咸阳博物院铜镜集萃

四乳四虺镜

图59

西汉

直径19厘米,重1 100克。

　　圆形,圆钮,柿蒂纹钮座,宽平缘。钮座外为一圈栉齿纹,一圈平凸棱。平凸棱外两圈栉齿纹间为纹饰带,4个带圆座的乳钉将纹饰分为4区,乳钉周围装饰有花纹。每区饰一条虺纹,虺钩形躯体,一侧饰鸟纹,另一侧饰一高抬的虺头,虺头为4个不同形态的兽首,其余地方配置有小鸟、卷云纹等。

四乳四虺镜

图 60
西汉
直径 17.3 厘米，重 840 克。

圆形，圆钮，连珠纹钮座，宽平缘。钮座外一圈栉齿纹，一圈平凸棱。平凸棱外两圈栉齿纹间为纹饰带，4 枚乳钉将纹饰带分为 4 区，乳钉周围装饰有花纹。每区饰一条虺纹，虺为钩形躯体，虺头高抬为 4 个不同形态的兽首，躯体内侧饰两只小鸟，两只兔子，兔子小鸟间隔排列，其余地方填充有小鸟、卷云纹等。

这种虺躯体下有兔子的铜镜在洛阳烧沟汉墓出土有两面[1]。宝鸡青铜器博物院有一面[2]。陕西历史博物馆有两面[3]。

[1] 中国科学院考古研究所编．洛阳烧沟汉墓．北京：科学出版社，1959（12）：174.
[2] 宝鸡青铜器博物院．对镜贴花黄——宝鸡青铜器博物院典藏铜镜精粹．西安：陕西出版传媒集团、三秦出版社，2014（6）：22.
[3] 陕西历史博物馆编．千秋金鉴——陕西历史博物馆藏铜镜集成．西安：陕西出版集团、三秦出版社，2012（10）：192、194.

发达兴盛的战国秦汉铜镜 075

四乳四虺镜

图61

西汉

直径18.8厘米，重1040克。

圆形，圆钮，柿蒂纹钮座，宽平缘。钮座外一圈栉齿纹，一圈平凸棱。平凸棱外两圈栉齿纹之间为纹饰带，4个带连珠座的乳钉将纹饰带分为4区。每区饰一条虺纹，虺为钩形躯体，外侧虺头两只为虎头，两只为龙头，相间排列。其余位置饰龟、鸟、云纹等。

大多数虺体下饰鸟纹，饰乌龟的较为少见。陕西历史博物馆有一面铜镜饰有乌龟和兔子[1]。

[1] 陕西历史博物馆编.千秋金鉴——陕西历史博物馆藏铜镜集成.西安：陕西出版集团、三秦出版社，2012（10）：192.

四乳四虺镜

图 62

西汉

直径 18.9 厘米，重 1 060 克。

圆形，圆钮，柿蒂纹钮座，宽平缘。钮座外两圈平凸棱间为铭文带，篆隶体铭文为"内而青而以而昭而明而光而辉而象而日而月而光而去而不而羊而可"。平凸棱外两圈栉齿纹间为纹饰带，4 个带连珠纹钮座的乳钉将纹饰带分为 4 区，每区饰一条虺纹，虺为钩形躯体，头高抬，虺头为 4 个不同形态的兽首，其余位置填有雏鸟、流云等。

发达兴盛的战国秦汉铜镜 079

卷云纹镜

图63

西汉

直径11厘米,重220克。

圆形,圆钮,连珠纹钮座,窄平缘。座外为两圈平凸棱,两凸棱间饰四组圆圈纹,圆圈间为三短线。镜缘内为一圈栉齿纹,外凸棱与栉齿纹之间饰四组圆圈纹,圆圈间为单线云纹。

此镜图案简洁明快,纹饰较为少见。

家常贵富镜

图64

西汉

直径10.8厘米，重225克。

圆形，圆钮，连珠纹钮座，宽平缘。钮座外为一圈平凸棱，凸棱外两圈间栉齿纹间为铭文带，逆时针隶书铭文"家常贵富"4个字，4个字之间用云纹相隔，"贵"字两边各多加一云纹。

此镜一改战国镜背那种密不透风且神秘得无人理解的地纹，而是采用人人都能看得懂的铭文铸在镜背，使得铜镜更贴近人们的生活。"家常贵富"是每个普通人家的愿望，也是西汉铜镜走入市场的需要。

家常贵富镜存世较多，镜缘有两种，一种为十六内向连弧纹缘，一种为素平缘。连弧纹镜缘流行于西汉中期，平缘时代为西汉中晚期或西汉晚期，平镜缘可能是从连弧纹镜缘发展而来。《长安汉镜》收录4面家常贵富镜，两面连弧镜缘，两面素平镜缘[1]，宝鸡青铜器博物院收藏一面[2]，山东临淄市出土有6面[3]。

[1] 程林泉，韩国河著.长安汉镜.西安：陕西人民出版社，2002（6）：81.
[2] 宝鸡青铜器博物院编.对镜贴花黄——宝鸡青铜器博物院典藏铜镜精粹.西安：陕西出版传媒集团、三秦出版社，2014（6）：43.
[3] 山东省文物考古研究所编.鉴耀齐鲁——山东省文物考古研究所出土铜镜研究.北京：文物出版社，2009（5）：359.

宝乐富昌镜

图 65

西汉

直径 12.5 厘米，重 345 克。

圆形，圆钮，连珠纹钮座，宽平缘。钮座外为一圈平凸棱，平凸棱外两圈栉齿纹间为纹饰带，4 个带连珠座的乳钉将纹饰带分为 4 区，每区两乳钉中间各一字，连起来为"宝乐富昌"4 个字，每字两边各有一只带冠展翅禽鸟，八鸟同向。

四乳钉把空间分为 4 等分，形成既对称又连续的图形装饰，铭文与图案相配，图文并茂，使铜镜充满诗情画意，从而大大提高了铜镜的艺术性，极具观赏价值。

发达兴盛的战国秦汉铜镜 083

宝乐富昌镜

图 66
西汉
直径 18.3 厘米，重 780 克。

圆形，圆钮，连珠纹钮座，宽平缘。钮座外为一圈平凸棱，平凸棱外两圈栉齿纹间为纹饰带，4 枚带四叶座的乳钉将纹饰带分为 4 区，每区中间各有一字，连起来为"宝乐富昌"4 个字，每字两边各有一只带冠展翅禽鸟，八鸟同向。

文王百子镜

图 67
西汉
直径 9.2 厘米，重 135 克。

圆形，圆钮，圆形钮座，宽平缘。座外四圈凸弦纹，近钮座的两凸弦纹间为铭文带，铭文不可通读，能看清的有"文王百子……王"等字。

四乳八禽镜

图 68
西汉
直径 8 厘米，重 125 克。

圆形，圆钮，圆形钮座，宽平缘。座外两圈栉齿纹间为纹饰带，4 个带座乳钉将纹饰带分为 4 区，每区饰两首相对的雏鸟。

四乳八禽镜

图 69
西汉
直径 8.1 厘米，重 125 克。

圆形，圆钮，圆形钮座，宽平缘。座外两圈栉齿纹间为纹饰带，4 个带座乳钉将纹饰带分为 4 区，每区饰两首相对的雏鸟。

四乳八禽镜流行在西汉晚期及其以后[1]。

[1] 孔祥星，刘一曼. 中国古代铜镜. 北京：文物出版社，1984（12）：74.

八禽博局镜

图 70

西汉

直径 6.6 厘米，重 45 克。

圆形，圆钮，圆形钮座，宽平缘。钮座外为双凸线形成的内凹式方框，方框每边中心各有一内凹式"T"形纹，在方框每个外角对应处各伸出一个内凹式"V"形纹，4 个"T"形纹外各伸出一个内凹式"L"形纹，内凹式方框的 4 个角各有一个小乳钉，以乳钉为中心，两边各有一只禽鸟，近缘处为一圈栉齿纹。

四乳四神镜

图 71

西汉

直径 12 厘米，重 380 克。

圆形，圆钮，圆形钮座，宽平缘。座外一圈平凸棱，凸棱外两圈栉齿纹间为纹饰带，4个带圆座的乳钉将纹饰带分为4区，每区分布一个四神图案。如果青龙，白虎按方位排列，则朱雀，玄武位置颠倒。如果朱雀，玄武按方位排列，则青龙，白虎位置颠倒，也就是说四神没有完全按照方位布置。

发达兴盛的战国秦汉铜镜

090　镜花风月·咸阳博物院铜镜集萃

四神博局镜

图72
西汉
直径14厘米,重430克。

　　圆形,圆钮,柿蒂纹钮座,柿蒂间有花苞纹,宽平缘。钮座外一个凸弦纹方框,一个内凹式方框。在内凹式方框每边的中心各伸出一个内凹式"T"形纹,与"T"形纹对应的是"L"形纹。在内凹式方框每个外角对应处是一个带柿蒂纹座的小乳钉和一个"V"形纹。在方框外边为四神图案,四神间填以鸟兽纹图案。按古代的方位看,左为东,其纹饰中有一青龙。右为西,其纹饰中有一白虎。上为南,其纹饰中有一朱雀。下为北,其纹饰中有一玄武。四神已按照方位布置,四神方位概念已体现。

云纹博局镜

图73

西汉

直径6.5厘米,重45克。

圆形,圆钮,圆形钮座,宽平缘。座外为一双线凹面方框,方框每边正中各向外伸出一"T"形纹,与"T"形纹对应的是"L"形纹,方框的四角对应一个"V"形纹,"T""L""V"间环列8朵卷云纹,镜缘内为一圈栉齿纹。

陕西省交通学校M179、M200各出土一面相近的博局镜[1]。

四乳纹带镜

图74

西汉

直径13.3厘米,重390克。

圆形,圆钮,柿蒂纹钮座,宽平缘。座外一圈平凸棱,两圈栉齿纹间为纹饰带,4个带圆座乳钉将纹饰分为4区,两区饰青龙,两区饰白虎,青龙白虎相间环绕,龙虎空隙间填飞禽走兽纹饰。

[1] 程林泉,韩国河,张翔宇编著.长安汉墓:西安:陕西人民出版社,2004(11):511、532、799、829.

四乳四龙镜

图75
西汉
直径13.5，重250克。

圆形，兽形钮，双线方框形钮座。主题纹饰为四龙纹，龙首位于方框的四角，龙体细长转身回首，尾部和带圆座的大乳钉连在一起。龙身上有多枚表示龙目和周身骨节的小乳钉。十六内向连弧纹镜缘，连弧纹较浅，有些能看清，有些看不清。

此镜种以四乳分为4区，饰有两龙或四龙，十六内向连弧纹镜缘，来源于蟠螭纹，其时代为文景至武昭宣时期，大约在西汉中期被星云镜所取代[1]。

[1] 程林泉，韩国河著. 长安汉镜. 西安：陕西人民出版社，2002（6）：69.

四乳四龙镜

图76
西汉
直径15.9厘米,重470克。

圆形,伏兽钮,十六内向连弧纹钮座,十六内向连弧纹镜缘。钮座外一圈栉齿纹,镜缘内一圈细弦纹,栉齿纹与细弦纹之间为纹饰带。4个带连珠纹座的大乳钉将纹饰分4区,每区饰一龙纹。龙转身回首,嘴大张,无龙舌。躯体细长,线条流畅,四肢分置身体两侧,爪甲尖利。龙身上有多枚表示龙目和周身骨节的小乳钉。

此镜龙头部分已趋淡化,且节点突出,呈现出龙纹镜向星云镜过渡的趋势。《秦镜龙纹图集》中有多面西汉龙纹镜与之相似[1]。

[1] 王刚怀,安夙编著.秦镜龙纹图集.上海:上海书画出版社,2018(5):254、263~265.

长毋相忘双龙镜

图 77

西汉

直径 11.1 厘米，重 115 克。

圆形，圆钮，柿蒂纹钮座，十六内向连弧纹镜缘。钮座外为单线方框，方框外为一圈篆书铭文，顺时针读为"见日之光，长毋相忘"8个字。主题纹饰为两条沿镜缘弯曲环绕的龙纹。龙体细长呈"M"形，身上有多枚表示龙目和周身骨节的小乳钉。圆眼，嘴张开，长舌粗长上卷较为突出，角后弯，三角形耳。四足分布于身体两侧，每足三爪，爪甲尖利。

四乳四龙镜

图 78

西汉

直径 10.3 厘米，重 220 克。

圆形，圆钮，柿蒂纹钮座，十六内向连弧纹镜缘。座外为凸线方框，镜缘内为一圈凸弦纹，方框与凸弦纹间为纹饰带，四乳钉将纹饰带分为 4 区。每区饰一只环绕乳钉的龙纹，龙珠、龙鼻用 3 个圆点表示，龙角后弯。龙体细长，两爪分布于身体两侧，身有多枚表示龙目和周身骨节的小乳钉。

四乳四龙镜

图 79
西汉
直径 13.8 厘米，重 420 克。

　　圆形，圆钮，柿蒂连珠纹钮座，柿蒂的尖部各有一蝉纹，十六内向连弧纹镜缘。座外双线方框内饰有短直线，方框外四角有 4 个带圆座的大乳钉，方框每边有一组龙纹。龙转身回首，张嘴，长舌突出，由内向外放大，躯体细长呈弓形，四足分布于身体两侧，每足三爪，身上有多枚表示龙目和周身骨节的小乳钉。

四乳双龙镜

图 80

西汉

直径 9.6 厘米，重 100 克。

圆形，兽首钮，方框形钮座，方框内饰短斜线纹，十六内向连弧纹镜缘。方框四角有 4 个带圆座乳钉，两条龙纹分布其间，龙身呈"S"形，转身回首，躯体细长穿过乳钉。两腿分布于身体两侧，每足三爪，爪甲尖利。身上有多枚表示龙目和周身骨节的小乳钉。

100　镜花风月·咸阳博物院铜镜集萃

四乳花卉镜

图 81

西汉

直径 10.2 厘米，重 90 克。

圆形，圆钮，圆形钮座，十六内向连弧纹镜缘。座外为一圈栉齿纹，栉齿纹与镜缘间为纹饰带，4 枚带三角箭头的乳钉将纹饰带分为 4 区。每区饰带根、带花苞的花卉纹，花叶弯曲，枝头卷为小乳钉。

辰言必当草叶纹镜

图82
西汉
直径13.7厘米，重270克。

圆形，圆钮，柿蒂纹钮座，十六内向连弧纹镜缘。座外为一个双线方框，方框内每边篆书3个字，顺时针为"见日之光，天下大阳，辰言必当"12个字，四内角饰两组相对三角回纹。方框四隅各饰一花苞，两旁为圆形枝叶，方框外每边中间各有一乳钉，每个乳钉的外侧各有一叶，每个乳钉的两侧各有一个三层草叶纹对称排列。

初期方框的4个角内一般不做特殊处理[1]，按顺序排满文字即可。稍后方框四角内开始布置花纹，常见向心式斜线小方块、三角回纹、桃形、叶纹、草叶纹、乳钉纹等。

[1] 邱龙昇著. 两汉镜铭文字研究. 北京：中国社会科学出版社，2011：(12)；20~27.

发达兴盛的战国秦汉铜镜 103

君勿相忘草叶纹镜

图 83
西汉
直径16厘米,重515克。

圆形,圆钮,柿蒂纹钮座,柿蒂向两边卷成连珠状,十六内向连弧纹镜缘。座外两个双线方框间为铭文带,每边两字,两字间以双线隔开,顺时针为"见日之光,君毋相忘"8个字。方框内四角各有一单层草叶纹,方框外四角各有一花叶纹。方框外每边正中间各有一带圆座大乳钉,每个乳钉的外侧各有一花苞,每个乳钉的两侧各有一个双层草叶纹。

草叶纹镜

图 84
西汉
直径 10 厘米，重 60 克。

圆形，兽钮，四方形钮座，十六内向连弧纹镜缘。方框外每边中间各有一带圆座的大乳钉，每个大乳钉的里侧由三条短线与方框连接，外侧连接一花苞纹。方框的四角各有一个单层草叶纹，草叶的两侧伸出两枝叶，枝叶的两端和草叶上都有小乳钉。

草叶纹镜

图 85

西汉

直径 11.4 厘米，重 125 克。

圆形，伏兽钮，四方形钮座，十六内向连弧纹镜缘。座外为两个双线方框，方框外四角伸出的花叶没有花苞，两侧张开的叶片肥硕、夸张。方框外每边中间各有一乳钉，每个乳钉的外侧各有一花苞，每个乳钉的两侧各有一个双层草叶纹对称排列。

见日之光草叶纹镜

图86

西汉

直径10厘米，重100克。

圆形，圆钮，圆形钮座，十六内向连弧纹镜缘。座外为两个方框，两方框之间每边饰两个篆体字，顺时针读为"见日之光，天下大阳"8个字，四角饰对角式斜线小方块图案。方框外四角伸出的花叶没有花苞，两侧张开的叶片肥硕、夸张。方框外每边中间各有一乳钉，每个乳钉的外侧各有一叶，每个乳钉的两侧各有一个单层草叶纹对称排列。

日有熹草叶纹镜

图87

西汉

直径16.3厘米，重540克。

圆形，圆钮，柿蒂纹钮座，十六内向连弧纹镜缘。座外为两个双线方框，两方框之间每边饰3个篆体字，顺时针为"日有熹，宜酒食，长贵富，乐毋事"12个字，四角为桃形花叶。方框外四角为一带花苞的花叶纹，两侧张开的叶片肥硕、夸张。方框外每边中间各有一乳钉，每个乳钉的外侧各有一叶，每个乳钉的两侧各有一个双层草叶纹对称排列。

见日之光草叶纹镜

图 88
西汉
直径 13.3 厘米，重 235 克。

圆形，圆钮，连珠纹钮座，十六内向连弧纹镜缘。座外为两圈细凸弦纹，四乳钉将镜背分为 4 区。每区各有一乳钉，每个乳钉的外侧各有一叶，每个乳钉内侧各有一字，顺时针读为"见日之光"4 个字，每个乳钉的两侧各有一个三层草叶纹，两草叶之间各饰一带根的花叶纹，圆形枝叶向两边伸展，无花苞。

日有熹草叶纹镜

图89

西汉

直径14厘米，重300克。

圆形，圆钮，柿蒂纹钮座，十六内向连弧纹镜缘。座外为两个双线方框，两方框之间每边饰3个篆体字，顺时针为"日有熹，长贵富，乐毋事，宜酒食"12个字。方框外四隅各有一花苞，两旁为圆形枝叶。方框外每边中间各有一圆形带座乳钉，每个乳钉的外侧各有一叶纹，每个乳钉的两侧各有一个双层草叶纹对称排列。

星云镜

图 90
西汉

直径 11 厘米，重 245 克。

圆形，连峰式钮，圆形钮座，十六内向连弧纹镜缘。钮座外一圈十六内向连弧纹，其外两圈栉齿纹间为纹饰带，纹饰采用四分法布局，以 4 枚带座大乳钉划分 4 区，间饰 5 枚小乳钉，乳钉间用曲线连接。

星云镜均为圆形，连峰式钮，圆形钮座，十六内向连弧纹镜缘，其外为星云纹带，主要流行于西汉中晚期，特别是中期的武、昭、宣时期[1]。《洛阳烧沟汉墓》[2]写道：出这种镜的墓都是只出武帝和昭帝五铢，大体可以肯定这种镜是武帝、昭帝时候的。

星云镜

图 91
西汉

直径 11 厘米，重 200 克。

圆形，连峰式钮，圆形钮座，十六内向连弧纹镜缘。钮外一圈十六内向连弧纹，连弧纹与双凸弦纹之间为纹饰带，纹饰采用四分法布局，以 4 枚带座大乳钉划分 4 区，间饰有 6 个小乳钉，乳钉间用曲线连接。

小乳钉表示星辰，曲线则表示流动的云气，四方的弧线、乳钉不一致，可能象征拱四方的星宿。这种镜因所饰乳钉的布列位置及均有弧形曲线连接，与星象图形相似，故被称作星云纹镜，也因纹饰中有许多乳钉而被称为百乳镜。

[1] 孔祥星，刘一曼. 中国古代铜镜. 北京：文物出版社，1984（12）：66.
[2] 中国科学院考古研究所编. 洛阳烧沟汉墓. 北京：科学出版社，1959（12）：174.

星云镜

图 92

西汉

直径 10 厘米,重 145 克。

圆形,连峰式钮,乳钉纹钮座,十六内向连弧纹镜缘。主纹饰采用四分法布局,以 4 个带圆座大乳钉划分 4 区,间饰许多个小乳钉,各乳钉间用曲线连接,曲线有单线、双线、三线。近缘处有一圈凸弦纹。

有学者认为:星云镜完全是由蟠螭纹渐次演变而成,小乳钉系蟠螭骨节变幻,云纹则为蟠螭体之化身。

星云镜

图 93

西汉

直径 13.5 厘米,重 225 克。

圆形,连峰式钮,圆形钮座,十六内向连弧纹镜缘。钮座外一圈连弧纹,两圈栉齿纹间为纹饰带。纹饰采用四分法布局,以 4 枚带圆座大乳钉划分 4 区,间饰 5 个小乳钉,乳钉间用曲线连接。

此镜相对比较厚重,制作精良,保存状态良好,这与汉镜合金比例适当有关。

星云镜

图 94

西汉

直径 10.2 厘米,重 160 克。

圆形,连峰式钮,星云纹钮座,十六内向连弧纹镜缘。两圈双凸弦线纹之间为纹饰带。采用四分法布局,以 4 枚带座大乳钉划分四区,每区 4 枚小乳钉,乳钉间用曲线连接。

星云镜的镜缘,都是十六内向连弧纹,是 4 的倍数。这些均匀的内向连弧如果都用手工直接画出来,这是很难做到的。董亚巍先生通过对汉代的内向连弧纹镜的研究后发现,这种纹饰是古人用圆规分出的等分,说明汉代的先民已具有了一定的机械制图水平[1]。

星云镜

图 95

西汉

直径 10 厘米,重 200 克。

圆形,连峰式钮,圆形钮座,十六内向连弧纹镜缘。钮座外一圈十六内向连弧纹,两圈栉齿纹间为纹饰带。采用四分法布局,以 4 个带圆形座大乳钉划分四区,大乳钉间饰有 5 个小乳钉,小乳钉用曲线连接。

[1] 董亚巍,郭永和.从汉代铜镜纹饰看圆规在制图中的应用.江汉考古,2003(4).

星云镜

图 96

西汉

直径 10 厘米，重 135 克。

圆形，连峰式钮，圆形钮座，十六内向连弧纹镜缘。钮座外为八内向连弧纹，连弧纹与钮座之间饰相间隔的"田"字纹及云纹符号。连弧纹与栉齿纹之间为纹饰带，采用四分法布局，以 4 枚带座大乳钉划分 4 区，每区饰两枚小乳钉，乳钉间用曲线连接成星云纹图案。

星云镜

图 97

西汉

直径 11.1 厘米，重 240 克。

圆形，连峰式钮，乳钉纹钮座，十六内向连弧纹镜缘。钮座外一圈凸弦纹，8 枚乳钉压在凸弦纹上，凸弦纹外为一圈十六内向连弧纹，两圈栉齿纹之间为纹饰带，采用四分法布局，以 4 枚带座大乳钉划分 4 区，间饰有许多小乳钉，乳钉间用曲线连接。

星云镜

图 98

西汉

直径 7.5 厘米，重 100 克。

圆形，连峰式钮，圆形钮座，十六内向连弧纹镜缘。钮座外两圈栉齿纹间为纹饰带。主纹饰采用四分法布局，以 4 枚带座大乳钉划分 4 区，间饰有 5 枚小乳钉，乳钉间用曲线连接。

星云镜

图 99

西汉

直径 10.8 厘米，重 240 克。

圆形，连峰式钮，圆形钮座，十六内向连弧纹镜缘。钮外一圈十六内向连弧纹，其外两圈栉齿纹间为纹饰带。采用四分法布局，以 4 枚带座大乳钉划分 4 区，间饰 7 枚小乳钉，乳钉间用曲线连接。

这面铜镜呈现出不锈钢一般的质地，针尖般锋利的乳钉纹，精确的圆规设计制图，堪称工业设计的鼻祖。

星云镜

图 100
西汉

直径 10.5 厘米，重 180 克。

圆形，连峰式钮，圆形钮座，十六内向连弧纹镜缘。钮座外十六内向连弧纹与双凸弦纹之间为纹饰带，采用四分法布局，以 4 枚连珠纹座的乳钉划分 4 区，每区间有 6 枚小乳钉，乳钉间由长短不同的弧线相连。

星云镜

图 101
西汉

直径 13.5 厘米，重 320 克。

圆形，连峰式钮，圆形钮座，十六内向连弧纹镜缘。钮外一圈栉齿纹，纹饰带采用四分法布局，以 4 枚带座大乳钉划分 4 区，每区饰有多枚小乳钉，乳钉间用曲线连接。

星云镜

图 102

西汉

直径 13.5 厘米，重 380 克。

圆形，连峰式钮，圆形钮座，十六内向连弧纹镜缘。钮座外一圈十六内向连弧纹，两圈栉齿纹间为纹饰带。纹饰带采用四分法布局，以 4 枚连珠式纹座的大乳钉划分 4 区，每区饰有 9 枚小乳钉，乳钉间由长短不同的弧线相连。

镜坯镜

图 103

西汉

直径 10.1 厘米，重 215 克。

圆形，钮残，柿蒂连珠纹钮座，十六内向连弧纹镜缘。钮座外一圈十六内向连弧纹。

这是一个用星云镜镜模的半成品翻出范后浇铸出的铜镜，这样的镜模还可以制作家常富贵镜、四乳蟠螭纹镜等多种镜种。

1954 年 6 月西安东郊红庆村第 142 号汉墓出土一面镜坯镜[1]。

[1] 陕西省文物管理委员会编.陕西省出土铜镜.北京：文物出版社，1959（4）：30.

八叶博局镜

图 104
西汉
直径 9.8 厘米，重 85 克。

　　圆形，圆钮，柿蒂纹钮座，十六内向连弧纹镜缘。座外有一单线方框，方框四边中心各向外伸出一个"T"形符号和"L"形符号，方框四角各有一"L"形符号，紧邻四角有 4 枚乳钉，每两枚乳钉以曲线连接形成叶纹，向两个相反的方向延伸。

四乳纹带镜

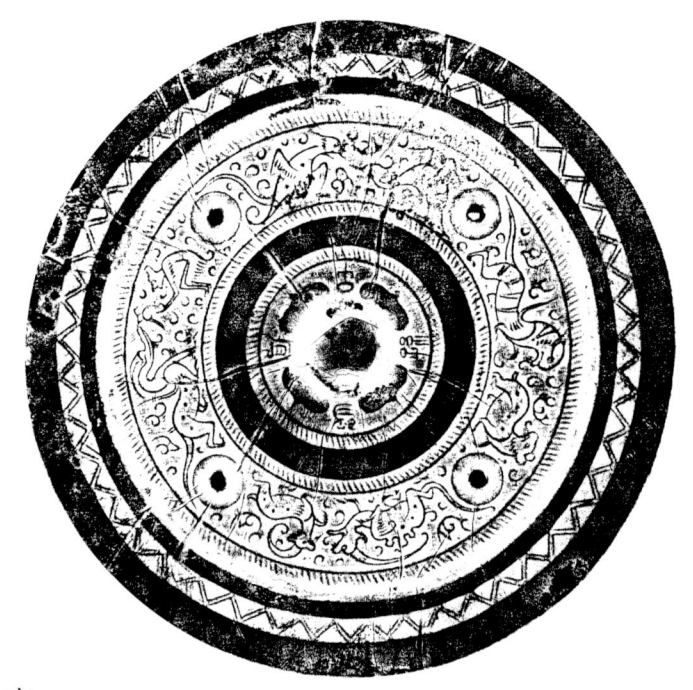

图 105

西汉

直径 15.2 厘米，重 520 克。

圆形，圆钮，柿蒂形钮座。柿蒂间填以长脚篆铭文，顺时针旋读为"长宜子孙"4 个字。钮座外一圈栉齿纹，一圈宽平凸棱。平凸棱外两圈栉齿纹间为纹饰带，4 枚乳钉将纹饰带分为 4 区，每区饰一四神图案，空隙填充流云纹。左青龙配羽人，羽人面朝龙，屈膝弯腰，手持一物靠近龙嘴，似乎正在驯龙，羽人身上有羽翼，腿上有羽毛。右白虎配瑞兽，白虎正在追逐瑞兽，瑞兽回首相望。上朱雀配禽鸟，朱雀展翅。下独角兽配仙鹿，鹿角粗壮后弯，身上以小乳钉表示梅花斑纹。宽平镜缘中间内凹，凹槽上饰一圈双线波折纹。

在汉代铜镜中，只要有龙纹的，旁边多会有羽人，且龙头对着羽人。有的羽人手中拿着豆（灯），少数豆周围有火光[1][2]，说明羽人在夜间驯龙。羽人驯龙的典故来源于《左传》，《左传》晋太史蔡墨曰："昔叔安有裔子曰董父，甚好龙，能求其嗜欲，饮食之，龙多归焉。乃扰畜龙以服事帝舜。帝赐姓董氏，使豢龙，封诸鬷川"。古鬷川在今天山西省闻喜县，这里水域清澈辽阔，是豢龙的理想之地。由于董父在这里豢龙，从此鬷川更名为董泽湖。现在闻喜县的董泽湖畔，还有董父庙遗址。这样推测，汉镜中的羽人应是董姓的先祖。

[1] 余建军编著.荆楚博古馆藏镜.北京：地质出版社，2018（7）：92.
[2] 西安市文物保护考古所编著.西安文物精华——铜镜.西安：世界图书出版西安公司，2008（11）：39.

发达兴盛的战国秦汉铜镜 121

四乳四神纹带镜

图 106

西汉

直径 21 厘米，重 904 克。

圆形，镜面微凸，圆钮，柿蒂纹钮座。柿蒂间铭刻"长宜子孙"4 个字。钮座外一圈栉齿纹，一圈平凸棱，一圈内向连弧纹，连弧纹外两圈栉齿纹间为纹饰带。4 枚乳钉将纹饰带分为 4 区，四神按方位各占一区。上为朱雀，朱雀旁边有一只鸟和一个羽人；下为玄武，玄武旁边一个羽人骑兽；左青龙，青龙身上骑着一个羽人，旁边还有一条龙；右白虎，白虎旁边为走兽。宽平镜缘中间内凹，凹槽上饰有五条环绕的细长的龙纹。

铜镜中的四神及镜缘图案呈银白色，与黑色底子形成明显对比。显然，为了突出这部分，对它进行过局部处理。像这样经过特殊处理的铜镜在汉代很多，如蟠螭纹镜、四乳圈带镜、四乳四虺镜、星云镜、日光镜、昭明镜、铜华镜、博局镜等。有的局部进行处理，有的整体进行处理。《临沂铜镜表面分析》一文研究认为[1]：这些铜镜表面含锡量较高，是采用鎏锡——涂敷锡汞剂的方法来实现表面镀锡（古人将各种合金称之为"齐"音剂，读第四声。锡和水银的合金称之为"锡汞齐"）。工艺同鎏金、鎏银一样，是在高温下，把锡和汞融化成锡汞齐，均匀地涂镀在器物表面，然后加热烘烤，使汞升华，金属锡就留在铜器表面了。

[1] 何堂坤，宋彦泉. 临沂铜镜表面分析. 四川文物，1994（6）：70～77.

发达兴盛的战国秦汉铜镜　123

七乳纹带镜

图 107
西汉
直径 18.8 厘米，重 925 克。

　　圆形，圆钮，圆形钮座。座饰 8 枚圆座小乳钉，乳钉之间饰有 4 个字与四花叶纹，4 个字为"长宜子孙"。乳钉纹外一圈栉齿纹，一圈宽平凸棱。凸棱外两圈栉齿纹间为纹饰带，七乳钉将纹饰带分为七区，每区饰一鸟或一兽纹，能识别的鸟兽有回首的凤鸟、行走的白虎、跑兽、独角兽……宽平缘，缘上饰一圈锯齿纹，一圈双线水波纹。

　　乳钉纹带镜有四乳、五乳、六乳、七乳、八乳之分，以七乳最多。

发达兴盛的战国秦汉铜镜 125

七乳纹带镜

图 108

西汉

直径 20.8 厘米，重 1 100 克。

　　圆形，圆钮，圆形钮座。座饰 9 枚圆座小乳钉，其外为一圈细弦纹，一圈宽平凸棱。宽平凸棱外两圈栉齿纹间为纹饰带，7 枚带座的大乳钉将纹饰带分为 7 区，每区饰一禽兽，分别是羽人、朱雀、青龙、白虎、回头兽等。宽平缘，中间内凹，凹槽上饰有细长的四神图案。

简易线条纹镜

图 109

西汉

直径 7.2 厘米，重 90 克。

圆形，圆钮，圆形钮座。钮座外为一单线方框，方框内四角各有一个圆圈，方框外每边正中有一个单线圆圈，圆圈两边各有两条短竖线和一条短横线，其外为一圈栉齿纹，一圈锯齿纹。

董亚巍老师认为：此镜钮孔处的残缺属于铸造缺陷，是铸后敲毛刺时，被毛刺带掉了一部分所形成的。

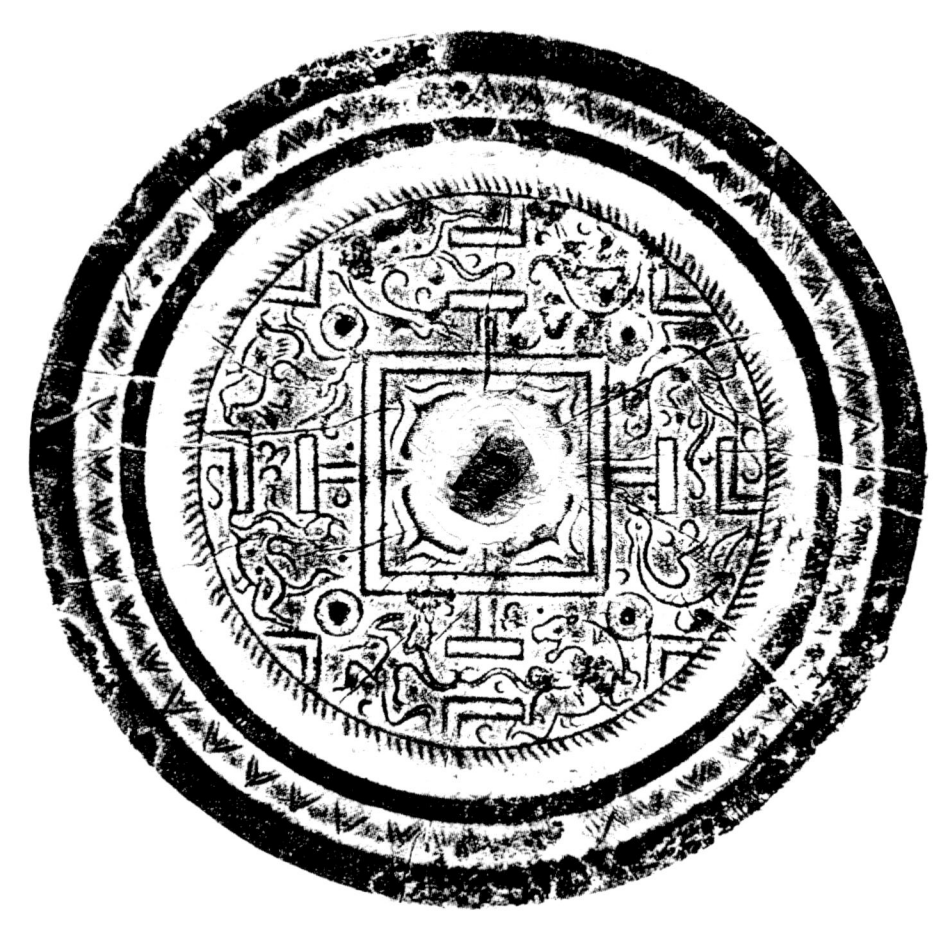

四乳禽兽博局镜

图110

西汉

直径 11.5 厘米，重 300 克。

圆形，圆钮，柿蒂纹钮座，柿蒂带双边。座外为一凹面方框，方框外每边正中饰一个双线"T"形纹，"T"形纹外是一个"L"形纹，方框四角各有一个带圆座的小乳钉，乳钉外各有一个"V"形纹，乳钉和规矩纹之间饰羽人、青龙、白虎、朱雀、瑞兽等图案，近缘处一圈栉齿纹。平镜缘，镜缘中间内凹处饰双线锯齿纹一圈。

发达兴盛的战国秦汉铜镜 129

八乳填空博局镜

图111

西汉

直径9.9厘米，重195克。

圆形，圆钮，圆形钮座。钮座外为双凸线纹形成的内凹式方框，在内凹式方框每个外边的正中心各伸出一个内凹式"T"形纹，"T"形纹外各伸出一个内凹式"L"形纹，"T"形纹的两边各有两枚带圆形座的乳钉，在方框每个外角各伸出一个内凹式"V"形纹，其余空白处填以半圆圈纹。纹饰带外为一圈栉齿纹，一圈锯齿纹，一圈双线水波纹。

荆楚博古馆藏有相近的一面铜镜[1]。

[1] 余建军编著. 荆楚博古馆藏镜. 北京：地质出版社，2018（7）：72.

四神博局镜

图 112

西汉

直径 16.2 厘米，重 485 克。

圆形，圆钮，四蒂纹钮座，柿蒂间及柿蒂顶部饰有花苞纹。钮座外两个细线方框间为铭文带，铭文右旋读为"子、丑、寅、卯、辰、巳、午、未、申、酉、戌、亥"十二地支。方框外为一内凹式方框，在内凹式方框每个外边的正中心各伸出一个内凹式"T"形纹，在方框每个外角各伸出一个内凹式"V"形纹，与4个"T"形纹对应处，各伸出一个内凹式"L"形纹。在每个"V"形纹对应的内凹式方框的4个角之间，各有一带柿蒂纹座的乳钉，每两个乳钉之间，为一个纹饰区。每个区填以四神图案，四神间填以鸟兽图案。按汉代的方位看，左青龙，右白虎，南朱雀，北玄武。宽平缘，缘上饰有双线波折纹。

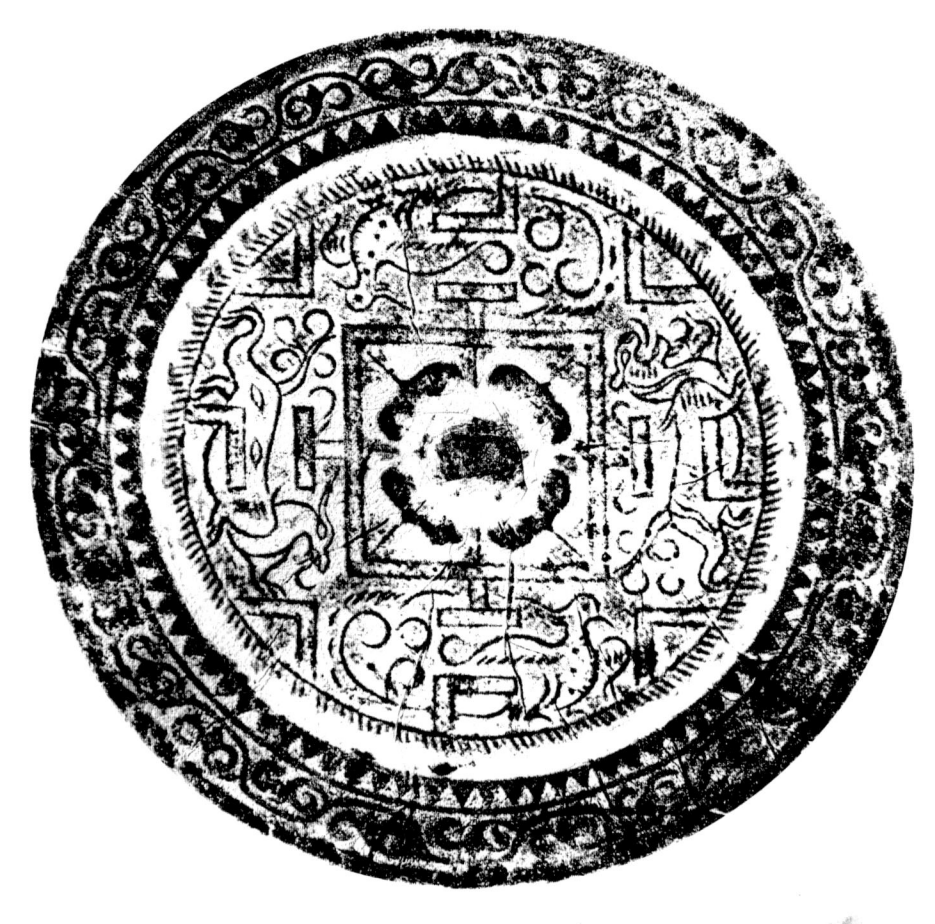

禽兽博局镜

图 113
西汉
直径 12 厘米,重 26 克。

  圆形,圆钮,柿蒂纹钮座,宽平缘。钮座外为一内凹式方框,在内凹式方框每个外边的正中心各伸出一个内凹式"T"形纹,在方框每个外角各伸出一个内凹式"V"形纹,4个"T"形纹外各伸出一个内凹式"L"形纹。方框外"L""T""V"间填有一龙、一虎、二朱雀图案,龙虎相对。缘上一圈锯齿纹,一圈平雕云水纹。

发达兴盛的战国秦汉铜镜 133

尚方四神博局镜

图114

西汉

直径18.3厘米，重685克。

圆形，圆钮，柿蒂纹钮座。座外为一个单线方框，一个内凹式方框，两方框之间为铭文带，铭文带内均布12枚带圆座的小乳钉，其间为"子、丑、寅、卯、辰、巳、午、未、申、酉、戌、亥"十二地支，每边3个字。方框外每边正中饰一个双线"T"形纹，"T"形纹外是一个"L"形纹，"T"形纹两边为两个带圆座的小乳钉，方框的四角外各有一个"V"形纹，四神及瑞兽图案分布在乳钉和规矩纹的两边。细弦纹与栉齿纹间为铭文带，铭文隶书为"尚方作竟真大巧，上有仙人不知老，渴饮玉泉饥食枣，浮"。宽平镜缘，缘上为两圈锯齿纹，锯齿纹之间为一圈水波纹。

"尚方"属少府，是专门为皇家制造所用器物的官署。秦置，汉末分中、左、右三尚方，后各代继续沿用，至明代废除。制作镜鉴是"尚方"的任务之一，在众多的尚方镜中，有的确实为尚方所造，这些铜镜的确纹饰精致，铸工匀细，不乏精品。但是，随着铜镜的普及，非"尚方"制作的铜镜也有冒用"尚方"铭的现象，实为推销商品的广告词[1]。

[1] 孔祥星，刘一曼.中国古代铜镜.北京：文物出版社，1984（12）：112.

云雷纹镜

图 115
西汉

直径6.2厘米，重30克。

三弦钮，圆形钮座，内凹式卷缘。座外饰一圈较宽短斜线纹，一圈五组云雷纹，一圈短斜线纹。

云雷纹镜在西汉中期已经出现[1]，镜体小而轻薄，三弦钮，镜面较平。东汉早期至中期，开始大量流行，体大且厚重，多数四叶间饰有4个字，如图116~123。东汉中晚期，形制基本上与早中期相同，但铸造的精良程度要劣一些，而且云雷的图案比较模糊，如图124。

云雷纹镜

图 116
东汉

直径18.5厘米，重700克。

圆形，圆钮，柿蒂纹钮座，宽平缘。座外一圈平凸棱，平棱外为八内向连弧纹，连弧纹之间饰山字纹、花叶纹、三短线纹。连弧纹外两圈栉齿纹间为纹饰带，饰8组云雷纹。

[1] 程林泉，韩国河著.长安汉镜.西安：陕西人民出版社，2002（6）：126~130.

"长宜子孙"云雷纹镜

图 117

东汉

直径 22.5 厘米，重 1 245 克。

圆形，圆钮，柿蒂纹钮座，四蒂间饰花脚篆"长宜子孙"4 个字，宽平缘。座外为一圈平凸棱，一圈八内向连弧纹，连弧纹空白处饰变形山字纹和草叶纹。连弧纹外两圈栉齿纹间为纹饰带，饰 8 组云雷纹。

这种素宽平缘长宜子孙连弧纹镜，各地出土较多，体大而厚重。目前最大的云雷连弧纹镜，直径 36 厘米，为中山简王刘焉所陪葬[1]。

"长乐未央"云雷纹镜

图 118

东汉

直径 24 厘米，重 965 克。

圆形，圆钮，柿蒂纹钮座，柿蒂间饰长脚花篆，顺时针旋读"长乐未央"4 个字，宽平缘。座外为一圈栉齿纹，一圈宽平凸棱，一圈八内向连弧纹，凸棱与连弧纹之间有三线条组成的变形花瓣纹、"山"字形纹、弧线纹相间排列。连弧纹外两圈栉齿纹间为纹饰带，纹饰为一圈 8 组云雷纹，云雷纹细密，由圆涡纹和两两错置的三角纹组成。

[1] 河北省文化局文物工作队.河北定县北庄汉墓发掘报告.考古学报，1964（2）.

"长宜子孙"云雷纹镜

图 119
东汉
直径 14.5 厘米，重 410 克。

圆形，圆钮，柿蒂纹钮座，柿蒂间饰阳文"长宜子孙"4 个字，宽平镜缘。座外一圈平凸棱，一圈八内向连弧纹，连弧的内角饰有三角纹。连弧纹外两圈栉齿纹间为纹饰带，饰以云雷纹。

"长宜子孙"云雷纹镜

图 120
东汉
直径 15.5 厘米，重 420 克。

圆形，圆钮，柿蒂纹钮座，柿蒂间饰长脚花式篆"长宜子孙"4 个字，宽平镜缘。座外一圈栉齿纹，一圈平凸棱，一圈八内向连弧纹，连弧的内角饰有花纹和山字纹。连弧纹外两圈栉齿纹间为纹饰带，饰以云雷纹。

"长宜子孙"云雷纹镜

图 121

东汉

直径 15.2 厘米，重 360 克。

圆形，圆钮，柿蒂纹钮座，宽平缘。柿蒂间有铭文，逆时针旋读为"长宜子孙"4 个字。钮座外为一圈平凸棱，一圈八内向连弧纹，平凸棱与连弧纹之间有三线条组成的变形花瓣纹、"山"字形纹相间排列。连弧纹外两圈栉齿纹间为纹饰带，饰一圈 8 组云雷纹。

"长宜子孙"云雷纹镜

图 122

东汉

直径 15 厘米，重 420 克。

圆形，圆钮，柿蒂纹钮座，柿蒂间饰阳文"长宜子孙"4 个字，宽平缘。座外为一圈平凸棱，一圈八内向连弧纹，连弧的内角饰有花叶纹，连弧纹外两圈栉齿纹间饰云雷纹。

"位至三公"云雷纹镜

图 123

东汉

直径 15.5 厘米,重 320 克。

圆形,圆钮,柿蒂纹钮座,四叶间饰阳文"位至三公"4 个字,宽平缘。座外为一圈平凸棱,一圈八内向连弧纹,连弧纹空白处饰以带座的乳钉纹和星点纹。连弧纹外两圈栉齿纹间为两圈弦纹,两圈弦纹间均布 8 个带座乳钉。

云雷纹镜

图 124

东汉

直径 8 厘米,重 120 克。

圆形,圆钮,圆形钮座,宽平缘。座外为一圈八内向连弧纹,连弧纹外两圈栉齿纹间为纹饰带,饰一圈 8 组云雷纹,云雷纹细密,由圆涡纹和两两错置的三角纹组成。

连弧纹凹面圈带镜

图 125

东汉

直径 9 厘米，重 80 克。

圆形，圆钮，圆形钮座，宽平缘。钮座外为三圈凸弦纹，弦纹外为八内向连弧纹，连弧纹外为一圈凹面圈带。

连弧纹是两汉大量使用的纹饰，西汉的草叶纹镜、星云镜、家常贵富镜、龙纹镜等镜缘及圈带镜、日光镜、昭明镜、铜华镜、清白镜、日有熹镜、云雷纹等镜内部都用连弧纹做装饰。东汉的云雷纹镜、连弧纹凹面圈带镜、四叶八凤镜、兽首镜等还在用连弧纹作装饰，此后连弧纹逐渐演变为半圆方枚神兽镜中的半圆纹饰，三国以后最终消失[1]。

连弧纹凹面圈带镜

图 126

东汉

直径 10.3 厘米，重 170 克。

圆形，圆钮，柿蒂纹钮座，宽平缘。钮座外为一圈凸弦纹，弦纹外为八内向连弧纹，连弧纹外为一圈凹面圈带。

[1] 西安市文物保护考古所编著.西安文物精华——铜镜.西安：世界图书出版西安公司，2008（11）：17.

连弧纹凹面圈带镜

图127

东汉

直径11.5厘米，重320克。

圆形，圆钮，柿蒂纹钮座，柿蒂间逆时针饰花脚篆"君宜官秩"4个字，宽平缘。钮座外为一圈平凸棱，一圈八内向连弧纹，一圈凹面圈带。

连弧纹凹面圈带镜是指镜缘内有一圈凹面圈带，之内又有一圈内向连弧纹的镜。这种镜的造型和云雷连弧纹镜几乎相同，只少了云雷纹，铭文位于四叶纹钮座与连弧纹之间的区域，其流行时间在东汉早期晚段至东汉晚期[1]。

[1] 程林泉，韩国河著．长安汉镜．西安：陕西人民出版社，2002（6）：146．

「君宜官位」连弧纹镜

图 128
东汉
直径 13.2 厘米，重 300 克。

圆形，圆钮，柿蒂纹钮座，柿蒂间饰花脚篆"君宜官位"4个字，宽平缘。钮座外为一圈八内向连弧纹，一圈凹面圈带。

「君宜官秩」连弧纹镜

图 129
东汉
直径 11.2 厘米，重 240 克。

圆形，圆钮，柿蒂纹钮座，柿蒂间饰花脚篆"君宜官秩"4个字，宽平缘。钮座外为一圈八内向连弧纹，一圈凹面圈带。

四神博局镜

图 130

东汉
直径 16.2 厘米，重 760 克。

圆形，圆钮，圆形钮座，宽平镜缘。钮座外为一个单线方框和一个内凹式方框，两个方框之间均匀排列 12 枚有座小乳钉，每两个乳钉间有一个地支铭，为"子、丑、寅、卯、辰、巳、午、未、申、酉、戌、亥"。内凹式方框外均匀分布 8 枚稍大的乳钉纹，每边两枚，两乳钉中间为"T"图案。方框外两圈弦纹间为铭文带，铭文锈蚀，不甚清晰，可能为"上大山，见神人，食玉英，饮醴泉，驾蛟龙，乘浮云，宜官秩，保子孙，乐未央，贵富昌"。铭文带外为纹饰带，纹饰有"L""T"、四神及动物图案，图案不甚清晰。镜缘上一圈锯齿纹、一圈凸棱、一圈云水纹。

关于铜镜的出土方位，在汉、唐墓葬中，一般都放在人头骨的旁边。有的用匣子装置、有的用布类包裹、有的上面还残留着植物枝条编制的余痕和丝布等物的腐朽遗迹。南宋周密《癸辛杂识》说："世大敛后，用镜悬棺，盖以照尸取光明破暗之意。"陕西宋、金时期墓葬中的铜镜，则多悬挂在墓室内的顶上正中，正是出于这个原因[1]。

[1] 陕西省文物管理委员会编.陕西省出土铜镜.北京：文物出版社，1959（4）：1.

四神博局镜

图 131

东汉

直径 19 厘米，重 815 克。

圆形，圆钮，柿蒂纹钮座，柿蒂之间饰花苞叶纹。钮座外为一个单线方框和一个内凹式方框，两个方框之间均匀排列 12 枚有座小乳钉，每两枚乳钉间有一个地支铭，为"子、丑、寅、卯、辰、巳、午、未、申、酉、戌、亥"。内凹式方框外每边正中饰一个内凹式"T"形纹，"T"形纹外是一个"L"形纹，"T"形纹两边为两枚带圆座的乳钉，方框的四角外各有一个"V"形纹，四神、瑞兽、禽鸟图案分布在乳钉和博局纹之间，空间填饰卷云纹。纹饰带与栉齿纹间为铭文带，铭文为："作竟哉真大好，上有仙人不知老，渴饮玉泉饥食枣，浮游天下遨四海，寿敝金石之国保。"镜缘上一圈锯齿纹，一圈云气纹。

"四神"图案在两汉、新莽时期备受推崇，是较流行的一种图案，成为一种文化符号，铸于镜背，画于器表，不但图案精美，且寓意深刻美好。从四神规矩镜的镜背布局来看，其中充分体现了中国传统文化中的道家思维。道家的宇宙观认为，天下分 5 个方位，即东、南、西、北、中央。镜钮代表着中央，以钮孔为中心形成子午线分出南、北。钮座外一般会有十二地支铭，十二地支对应不同的方位。子居北方，五行属水，水往下流，所以"子"为下。"午"居南方，五行属火，火往高处走，所以"午"为上。以钮孔为中心与子午线呈垂直的方位，一侧为卯为左为东，另一侧则为酉为右为西。卯、午、酉、子分别代表了东、南、西、北 4 个方位。四神规矩镜背面的纹饰，是严格按方位及五行的属性来配置四神各自的位置，很明确的体现出了天干、地支、四神、五行之间的相互关系。东方甲乙属木配青龙，南方丙丁属火配朱雀，西方庚辛属金配白虎，北方壬癸属水配玄武，中央戊己属土[1]。

[1] 董亚巍，李从明. 规矩镜与博局镜. 收藏家，2003（6）.

发达兴盛的战国秦汉铜镜 147

四神博局镜

图 132

东汉

直径 19 厘米，重 880 克。

圆形，圆钮，圆形钮座，宽平缘。钮座外为一个单线方框和一个内凹式方框，两个方框之间均匀排列 12 枚有座小乳钉，每两枚乳钉间有一个地支铭，每边三字，合起来为"子、丑、寅、卯、辰、巳、午、未、申、酉、戌、亥"。方框外每边正中饰一个双线"T"形纹，"T"形纹外是一个"L"形纹，"T"形纹两边为两枚带圆座的乳钉，方框的四角外各有一个"V"形纹，四神、瑞兽、禽鸟图案分布在乳钉和博局纹之间。玄武配羽人，青龙配鸟，朱雀配独角兽，白虎配立人。纹饰带与栉齿纹间为铭文带，铭文为"作佳竟兮真大好，上有仙人不知老，渴饮玉池饥食枣，浮游天下遨四海，寿敝金石之国保兮。"镜缘上一圈锯齿纹，一圈凸弦纹，一圈为云气纹。

150　镜花风月·咸阳博物院铜镜集萃

四神博局镜

图 133

东汉

直径 18.7 厘米，重 880 克。

圆形，圆钮，柿蒂纹钮座，宽平镜缘。钮座外为一个单线方框和一个内凹式方框，两个方框之间均匀排列 12 枚有座小乳钉，每两枚乳钉间有一个地支铭，每边三字，合起来为"子、丑、寅、卯、辰、巳、午、未、申、酉、戌、亥"。方框外每边正中饰一个双线"T"形纹，"T"形纹外是一个"L"形纹，"T"形纹两边为两枚带圆座的乳钉，方框的四角外各有一个"V"形纹，四神和其他禽兽图案，分布在乳钉和博局纹之间。纹饰带与栉齿纹间为铭文带，纤细的隶书铭文为："作佳竟兮真大好，上有仙人不知老，渴饮玉泉饥食枣，浮游天下敖四海，(徘徊大山采芝草)，寿如金石之天保"。镜缘上一圈锯齿纹，一圈细弦纹，一圈云气纹。

禽兽博局镜

图 134

东汉

直径 20.5 厘米，重 1 095 克。

圆形，圆钮，柿蒂纹钮座，宽平镜缘。钮座外为一个单线方框和一个内凹式方框，两个方框之间均匀排列 12 枚有座小乳钉，每两枚乳钉间有一个地支铭，每边 3 个字，合起来为"子、丑、寅、卯、辰、巳、午、未、申、酉、戌、亥"。方框外每边正中饰一个双线"T"形纹，"T"形纹外是一个"L"形纹，"T"形纹两边为两枚带圆座的乳钉，方框的四角外各有一个"V"形纹，瑞兽禽鸟图案分布在乳钉和博局纹的之间。纹饰带与栉齿纹间为铭文带，隶书铭文为："尚方作竟真大好，上有仙人不知老，渴饮玉泉饥食枣，浮。"镜缘上一圈锯齿纹，一圈平凸棱，一圈云气纹。

西汉时期的《淮南子·天文训》中曰："天道曰圆，地道曰方。"道家认为：天是圆的，地为方的。在这种宇宙观的思维指导下，在四神规矩镜背纹的外缘大多铸有云水纹，这意味着天上的宇宙周而复始没有穷尽。镜背中心钮座外的内凹槽式方框代表着大地，中央属土，人们只能在大地上生存，镜钮是大地的中心，方框至镜钮的区域就是大地了。因大地是方形的，所以大地有 4 个方位。在 4 个方位的外面，分别由 4 个神灵守护。这 4 个守护神便是青龙、白虎、朱雀、玄武。古人讲究坐北朝南，依照这个方向来看四神各自所代表的方位，假设有一面直径数十米大的铜镜，而人们站立在这枚铜镜的钮上看，就会形成前朱雀、后玄武、左青龙、右白虎。其看图的方式是上南下北左东右西，而不同于今天的上北下南。在汉代出土的许多有铭文带的铜镜中，常可见到"左龙右虎辟不祥"的铭文，也印证了这一点[1]。

[1] 董亚巍，李从明. 规矩镜与博局镜. 收藏家，2003（6）.

发达兴盛的战国秦汉铜镜 153

四神博局镜

图 135

东汉

直径 18.8 厘米，重 940 克。

圆形，圆钮，柿蒂纹钮座，宽镜缘。钮座外为一个单线方框和一个内凹式方框，两个方框之间均匀排列 12 枚有座小乳钉，每两枚乳钉间有一个地支铭，每边 3 个字，合起来为"子、丑、寅、卯、辰、巳、午、未、申、酉、戌、亥"。方框外每边正中饰一个双线"T"形纹，"T"形纹外是一个"L"形纹，"T"形纹两边为两枚带八内向连弧纹圆座的小乳钉，方框的四角外各有一个"V"形纹。四神、羽人和其他禽鸟图案分布在乳钉和博局纹之间。纹饰带与栉齿纹间为铭文带，纤细的隶书铭文为："作佳分竟真大好，上有仙人不知老，渴饮玉泉饥食枣，浮游天下敖四海，寿如金石为国保。"镜缘上一圈锯齿纹，一圈凸弦纹，一圈云气纹。

发达兴盛的战国秦汉铜镜 155

变形四叶兽首镜

图 136

东汉

直径 9.4 厘米，重 95 克。

圆形，圆钮，圆形钮座，斜缘。钮座外的四叶成蝙蝠形向外呈放射状分布，4 个变形兽首夹角处填以篆书"君宜高官"4 个字，四叶间填饰夔纹，四叶纹外为一圈十七内向连弧纹，一圈连续涡云纹。

此镜的连弧纹个数为 17，较为少见。铜镜中连弧纹个数为 12、16 的居多，13、15、17 个数的连弧纹，工匠在制作时，分割难度较大，故存世较少。

此镜与 1992 年西北医疗设备厂东汉晚期 M158 出土的铜镜基本相同[1]。

[1] 程林泉，韩国河著. 长安汉镜. 西安：陕西人民出版社，2002（6）：149.

四叶四龙镜

图 137

东汉

直径 11.4 厘米，重 260 克。

圆形，圆钮，圆形钮座，宽平缘。钮座外的四叶成蝙蝠形向外呈放射状分布，四叶纹内夹角处填以花针篆"君宜官位"4 个字，其中宜字未铸上，缺宜字。四叶纹的叶尖外有一花苞，花苞刚好卡在连弧纹的空白处。四叶纹间填饰四龙纹，四叶纹外为十二内向连弧纹。

变形四叶纹镜的共同特点是，座外四蝙蝠形叶向外呈放射状，占据镜背中心位置，并将内区分为 4 区，4 区配置兽首、夔龙纹、凤纹等。主要流行于东汉晚期桓帝、灵帝时期[1]。

[1] 孔祥星，刘一曼. 中国古代铜镜. 北京：文物出版社，1984（12）：91.

龙虎镜

图 138
东汉
直径 10.2 厘米，重 580 克。

圆形，圆钮，连珠纹钮座，立缘。座外一立墙式凸棱将镜背分为内外两区，内区有龙虎环绕，外区三周锯齿纹。

龙虎镜是流行于东汉晚期的镜种[1]，铸造作坊有三羊、青羊、青盖、朱氏、张氏、李氏、石氏、刘氏等。其特点是镜钮高大，占据中心十分突出的位置，有的钮座还是主题纹饰的一部分，镜缘厚，镜面凸起，纹饰为高浮雕的龙虎。

汉代铜镜主题纹饰的表现手法，从西汉一直到东汉中期以前，都是采用单线勾勒轮廓。如草叶纹镜、连弧纹镜、规矩镜、重圈铭文镜、乳钉禽兽镜等。东汉中期以后，采用了浮雕式的手法，如神兽镜、画像镜、龙虎镜等，主题纹饰隆起突出，高低起伏，形象生动，活泼自然，这种浮雕式的手法，使纹饰的视觉效果由线条式的平面变化为半立体状，开创了后代铜镜高圆浮雕的制作手法。

[1] 孔祥星，刘一曼. 中国古代铜镜. 北京：文物出版社，1984（12）：102、111.

龙虎镜

图 139
东汉
直径 12 厘米，重 260 克。

　　圆形，圆钮，圆形钮座。围绕镜钮饰浮雕龙虎，龙大虎小，呈对峙状，纹饰带外为一圈栉齿纹。三角镜缘，缘上为一圈锯齿纹，一圈栉齿纹。

　　董亚巍先生通过对古代铜镜的复制研究发现，镜面凸起的原因是与镜背的镜钮、浮雕及镜缘等的大小及厚度有关[1]。战国镜的镜钮既小又薄，其镜缘都是横截面较小的镜缘，可直接磨成平面，不致出现铸造缺陷。东汉至六朝，其镜钮都较大，为使磨制出的镜面没有铸造缺陷，须将镜面中心少磨削，外围多消磨。这样磨削加工的结果，就形成了镜面凸起。

[1] 董亚巍. 试论古代铜镜镜面凸起的成因及其相关问题. 文物保护与科学考古，2000（2）：39～43.

五禽镜

图140
东汉
直径9厘米,重160克。

圆形,圆钮,圆形钮座。钮座外4枚带圆座的乳钉,乳钉间为浮雕禽鸟纹,其外为一圈凸弦纹,一圈栉齿纹。三角镜缘,缘上一圈锯齿纹,一圈凸弦纹,一圈水波纹。

双龙镜

图141
东汉
直径9.5厘米,重240克。

圆形,圆钮,圆形钮座。围绕钮座饰两只形状相同的浮雕龙纹,两条龙各占镜面一半,躯体呈"S"状弯曲,头、角、爪刻画清晰。龙纹外为一圈栉齿纹。三角镜缘,缘上一圈锯齿纹,一圈凸弦纹,一圈双线水波纹。

盘龙镜

图 142

东汉

直径 9.2 厘米,重 220 克。

圆形,圆钮,圆形钮座。围绕钮座饰盘龙一只,龙体为高浮雕,高低不一,头上有两只又细又长的角。盘龙外为两圈细弦纹,一圈栉齿纹。三角镜缘上一圈锯齿纹,一圈凸弦纹,一圈波浪纹。

六乳纹带镜

图 143

东汉

直径 8.5 厘米,重 140 克。

圆形,圆钮,圆形钮座。钮座外两圈凸弦纹间为纹饰带,均匀分布 6 枚带圆形座的乳钉,乳钉间饰卷云纹。纹饰带外为一圈栉齿纹,一圈凸棱,一圈绳索纹。三角镜缘。

尚方神兽镜

图 144
东汉
直径 11.5 厘米，重 180 克。

　　圆形，圆钮，圆形钮座。钮座与凸弦纹间为纹饰带，3个方枚将纹饰分为3区，每区饰一组浮雕人物图案。由于锈蚀严重，只识别出一个方枚的4个字铭文为"尚方明镜"。以这个方枚为中心，左边的神为东王公，头戴山字形冠；右边的神是西王母，头上的冠两边翘起；其余一神为伯牙，双手抚琴。纹饰带外为一圈栉齿纹，三角镜缘，缘上一圈缠枝纹。

发达兴盛的战国秦汉铜镜　163

吾作四兽镜

图 145

东汉

直径 12.7 厘米，重 170 克。

圆形，圆钮，圆形钮座。钮座外两圈弦纹间为纹饰带，4个方枚将纹饰带分为四区，每一区饰有一浮雕瑞兽纹，瑞兽为两狮两虎。4个方枚铭文为"吾作明镜""幽涑三商""长宜高官""位至三公"。狮虎的头朝向"幽涑三商"和"位至三公"。纹饰带外为一圈栉齿纹，三角镜缘，缘上饰一圈变形兽鸟纹。

三羊四兽镜

图 146
东汉
直径 11.2 厘米，重 130 克。

圆形，镜面微突，圆钮，圆形钮座。4 个方枚将纹饰带分为 4 区，每区浅浮雕一走兽，四方枚铭文为"三羊作镜""幽涑官商""上有□佳""位至三公"。三角镜缘，缘上一圈云纹。

"三羊"是东汉时期的一位著名铸镜工匠，或者是一个铸镜作坊的名号，其铸造的产品传世的较多，有博局镜、七乳纹带镜、龙虎镜、画像镜及神兽镜。

吾作四兽镜

图 147
东汉
直径 11.5 厘米，重 140 克。

圆形，镜面微突，圆钮，圆形钮座。4 个方枚将纹饰带分为 4 区，每区浅浮雕一走兽，两个方枚铭文为"吾作明竟""君宜高官"，其余两个文字不清晰。三角镜缘，缘上一圈云纹。

神兽镜是东汉新兴的铜镜，其主题纹饰、形制和浮雕式的技法，标志着中国铜镜发展到了一个新阶段。

二虎对峙镜

图148

东汉

直径9.4厘米，重95克。

圆形，圆钮，圆形钮座，三角镜缘。围绕钮座饰两只形状相同的线雕虎纹，两虎对峙，各占镜面一半，躯体呈"S"状弯曲。虎纹外为一圈栉齿纹、一圈锯齿纹。

《长安汉镜》[1]《中国铜镜史》[2]各有相近的一面。

[1] 程林泉，韩国河著. 长安汉镜. 西安：陕西人民出版社，2002（6）：152.
[2] 管维良. 中国铜镜史. 重庆：重庆出版社，2006（2）：113.

四叶八凤镜

图 149

东汉

直径 11.1 厘米，重 155 克。

圆形，圆钮，圆形钮座。座外饰四叶纹，四叶内有铭文"君宜高官"4 个字，每片叶子上有 3 个小圆圈，四叶之间各饰有两个凤鸟纹，其外为一圈十六内向连弧纹，三角镜缘。整个镜背纹饰用平剥法，图案如剪纸风格，布局对称。

上海博物院收藏一面长宜子孙凤纹镜与此镜图案基本相同[1]。宝鸡青铜器博物院也收藏有相近的铜镜三面[2]。

大吉利镜

图 150

东汉

直径 9.5 厘米，重 120 克。

圆形，圆钮，圆形钮座，宽平缘。座外饰四叶纹，四叶纹之间填以阳文"大吉利兮"4 个字，其外两圈细弦纹间饰云纹及变形图案。

[1] 上海博物馆编. 练形神冶 莹质良工——上海博物馆藏铜镜精品. 上海：上海书画出版社，2005（4）：204.
[2] 宝鸡青铜器博物院编. 对镜贴花黄——宝鸡青铜器博物院典藏铜镜精粹. 西安：陕西出版传媒集团、三秦出版社，2014（6）：81.

富丽堂皇的隋唐铜镜

隋文帝于公元581年统一天下，经过一系列改革，出现了"开皇之治"，铜镜铸造技术和工艺亦有所发展，具有承上启下的风格。以四神十二生肖镜为代表，无论从形制还是花纹，都沿袭前朝的式样。四神铭文镜和瑞兽铭文镜的出现，标志着一种新的艺术风格产生。

　　唐代社会经济发展迅速，铸造业十分发达，铜镜以其先进的工艺、新颖的题材、华美的纹饰、灵活多样的造型，使铜镜艺术在这一时期达到鼎盛。这一时期纹饰和形制出现了很大变化，纹饰写实性增强，种类复杂，生动活泼，既继承了传统艺术风格，又吸收了外来的文化艺术。形制上突破了圆形、方形的传统格式，出现大量菱花镜、葵花镜、六角形、"亚"字形镜等。镜面逐渐增大，铜质细腻，镜体厚重。纹饰题材多见瑞兽、飞鸟、葡萄、花草、人物、宝相花、龙纹、神仙故事等。其中瑞兽葡萄镜最具特色，纹饰饱满，是中西文化交流的产物。花鸟镜蕴含着吉祥幸福、喜庆美满之意，颇受当时人们的青睐。人物故事镜题材广泛，反映了唐代人们视野开阔，思想活跃。

"光正随人"四乳四叶纹镜

图151
隋
直径12.2厘米，重210克。

圆形，圆钮，圆形钮座，平缘。座外为一圈连珠纹，两圈弦纹之间为纹饰带，4枚乳钉将纹饰带分为四区，每区一叶，每叶两边各有一字，合为"光正随人，长命宜新"8个字，字迹不甚清晰，叶间其余位置以花朵填充，四叶外为二十内向连弧纹。纹饰带外一圈绳索纹、两圈凸弦纹、一圈三角锯齿纹。

陕西历史博物馆有一面四叶四乳纹铜镜与之基本相同[1]。

西安市文物保护考古所藏有一面四神十二生肖镜，钮座外有一圈铭文为"光正随人宜新长命"[2]。此铭前人多释"随"为"隋"，读为"隋人长命，宜新光正"，认为该镜是隋人祈求长命、表达美好祝愿的文字。《岩窟藏镜》的作者梁上椿则释为"光正随人，长命宜新"，认为"光正随人"乃描写镜之功能，"长命宜新"为颂祷语。究其原因，是由于镜铭首尾相交，两种读法皆通。西安市文物保护考古所这面铜镜又是另一种的解读，将"宜新"放在"长命"前面。

[1] 陕西历史博物馆编.千秋金鉴——陕西历史博物馆藏铜镜集成.西安：陕西出版集团、三秦出版社，2012（10）：292.
[2] 西安市文物保护考古所编著.西安文物精华——铜镜.西安.世界图书出版西安公司，2008（11）：75.

缠枝花十二生肖镜

图 152

隋

直径 13.5 厘米，重 220 克。

圆形，圆钮，圆形钮座，平缘。三圈细凸弦纹将镜背纹饰分为 3 区。内区饰连珠纹一圈；中区饰九组屈曲盘绕的变形草叶纹；外区被双线分为 12 个扇形格，每个格内分别置鼠、牛、虎、兔、龙、蛇、马、羊、猴、鸡、狗、猪十二生肖动物图案，十二生肖从正对钮孔的下方开始顺时针排列，空间补充草叶纹图案。十二生肖外为一圈锯齿纹。

单独以十二生肖为主题纹饰，将写实动物生肖纹饰与缠枝花纹组合，这种生肖镜主要流行于隋和初唐，地域以当时的西安和洛阳两京地区为主。2018年西咸新区空港新城隋卢诠墓出土一面[1]，该墓主人经历北周和隋两个朝代。西安隋大业四年（608）李静训墓出土一面[2]，墓主自幼被周太后所养，隋大业四年死，年仅 9 岁。唐太宗贞观四年（630）李寿墓出土一面[3]。

[1] 陕西省考古研究院. 西咸新区空港新城隋卢诠墓发掘简报. 文物，2023（6）：11～24.
[2] 唐金裕. 西安西郊隋李静训墓发掘简报. 考古，1959（9）.
[3] 陕西省博物馆，陕西省文管会. 唐李寿墓发掘简报. 文物，1974（9）.

富丽堂皇的隋唐铜镜　173

四神十二生肖镜

图 153
隋
直径 16.5 厘米,重 540 克。

　　圆形,圆钮,圆形钮座,平缘。两圈弦纹将镜背纹饰分为内外两区。内区绕钮按方位饰青龙、白虎、朱雀、玄武四神图案,空间补充云纹图案。外区由双线分为十二扇形格,每个格内分别置鼠、牛、虎、兔、龙、蛇、马、羊、猴、鸡、狗、猪十二生肖,十二生肖形态逼真,空间补充云纹图案。十二生肖外为一圈三角锯齿纹。

　　隋唐时四神和十二生肖在铜镜中有的单独使用,有的综合使用[1]。隋、初唐大多数四神、十二生肖镜的格局并未摆脱东汉晚期的规则呆板,将图案固定在格子内。但以浅浮雕表现体积感的技法则大为进步,它既不像减地平刻那样缺少深度,也不像高浮雕神兽那样凹凸过甚,以致缺乏装饰性。隋代的生肖和四神是在云中行,形大且真。唐代注重奔腾、飞跃的动态和神韵,形小但逼真,已经走向了一种带有装饰性的图案。

[1] 西安市文物保护考古所编著.西安文物精华——铜镜.西安:世界图书出版西安公司,2008(11):75.

龙虎镜

图 154
隋
直径 14.8 厘米，重 370 克。

　　圆形，圆钮，圆形钮座，平缘。座外为一圈连珠纹，连珠纹外两圈紧挨的凸弦纹间为纹饰带，四龙四虎以钮为中心作环绕式排列，虎只有头部为正面，龙身完整为侧面，其余皆为云水纹。纹饰带外为一圈绳索纹，一圈凸弦纹，一圈锯齿纹。

　　这面铜镜与荆楚博古馆藏四龙戏兽镜基本相同[1]。

[1] 余建军. 荆楚博古馆藏镜. 北京：地质出版社，2018：128.

仙山并照四神镜

图 155

隋

直径 20.3 厘米，重 880 克。

圆形，圆钮，圆形钮座，钮座下压着一个瑞兽。座外为一个凹面方框。一圈立墙式凸棱将镜背纹饰分成内外两区。内区为纹饰带，纹饰为"V"形博局纹、四神纹及兽面纹。"V"形纹与凹面方框四角对应，每个"V"形纹内有一个兽首。方框的四边按方位分别饰以青龙、白虎、朱雀、玄武，间隙处填流云纹。凸棱内一圈栉齿纹，一圈锯齿纹。外区为铭文带，楷书铭文32个字，顺时针读为："仙山并照，智水齐名，花朝艳采，月夜流明，龙盘五瑞，鸾舞双情，传闻仁寿，始验销兵。"首尾以小乳钉间隔，铭文带外为一圈栉齿纹，一圈卷草纹。

仙山是仙人所居之山，刘禹锡的《三乡驿楼有诗感》："三乡陌上望仙山，归作霓裳羽衣曲。"白居易的《长恨歌》："忽闻海上有仙山，山在虚无缥缈间。"

西安市文物保护考古所藏有一面仙山并照四神镜与此镜相同[1]。

---

[1] 西安市文物保护考古所编著.西安文物精华——铜镜.西安：世界图书出版西安公司，2008（11）：76.

练形神冶狻猊镜

图 156

隋

直径 19.7 厘米，重 1 060 克。

　　圆形，圆钮，圆形钮座。一圈凸棱将镜背纹饰分为内外两区，凸棱上为一圈栉齿纹。内区为纹饰带，绕钮有一圈瑞兽狻猊，形态各异，有的奔跑，有的回头。外区为铭文带，左旋读为"练形神冶，莹质良工，如珠出匣，似月停空，当眉写翠，对脸传（传）红，绮窗绣幌，俱含影中"32 个字，有一点将字首尾隔开。内斜镜缘，缘上为一圈锯齿纹，一圈蔓草纹。

　　铭文赞赏铜镜质量精美。"练"即"炼"，它明如珠、净如月、光溢四射。又描写妇女在闺阁整装，"傅红"即"傅粉"，指对镜描眉，用粉傅面。"幌"，《玉篇》释为"帷幔"。镜铭字体方正，文字秀丽、间架匀称。

照日菱花狻猊镜

图 157
隋
直径 10.3 厘米，重 325 克。

圆形，圆钮，圆形钮座。一圈凸棱将镜背纹饰分为内外两区。内区为纹饰带，为四瑞兽狻猊绕钮作逆时钟奔跑，有的张嘴露出獠牙，有的两耳竖立，有的犄角后弯，有的四蹄腾空，形态各异，其间夹杂 4 只折枝花。凸棱内为一圈三角锯齿纹，一圈栉齿纹。外区为铭文带，楷书 20 个字，左旋读为"照日菱花出，临池满月生，官看巾帽整，妾映美妆成"。内斜镜缘，缘上一圈三角锯齿纹，一圈蔓草纹。

铭文意译为：在太阳底下菱花盛开，如同在池水里看见满月初升。官人看看你衣帽的齐整，都是我替你照镜打理而成。南北朝的文学家庾信写了一篇镜赋"临水则池中月满，照日则壁上菱生"，与这有相同意境。

瑞兽葡萄镜

图158
唐
直径11厘米，重340克。

圆形，钮为匍匐状狻猊，无钮座。一圈立墙式凸棱将镜背纹饰分为内外两区。内区纹饰作高浮雕，为相间隔的4只瑞兽狻猊，（狻猊为瑞兽的一种，相传是龙的儿子，形状像狮子），狻猊伏地昂首，形态各异，狻猊间填充7串带须蔓枝叶连接的葡萄。外区为各种姿态的喜鹊，有的飞翔，有的栖息，其周围饰有蜻蜓、蜂蝶等昆虫，以及带须蔓枝叶连接的葡萄。内斜镜缘，缘上饰花朵一圈。整个纹饰繁密华丽，纹饰排列错落有致，动物和昆虫的形象生动飘逸。

唐代多用"瑞兽葡萄"作为装饰图案，狮子、葡萄、孔雀由西域传入，这种图案是当时东西文化交流的产物[1]。

[1] 上海博物馆编.练形神冶 莹质良工——上海博物馆藏铜镜精品.上海：上海书画出版社，2005（4）：248.

瑞兽葡萄镜

图 159
唐
直径 9.2 厘米，重 435 克。

圆形，蟠龙钮，无钮座。一圈立墙式凸棱将镜背纹饰分为内外两区。内区纹饰作高浮雕，为相间隔的 4 只瑞兽狻猊，狻猊伏地昂首，形态各异，狻猊间夹杂带须蔓枝叶连接的串串葡萄。外区为各种姿态的喜鹊，有的飞翔，有的栖息，间杂带须蔓枝叶连接的葡萄。内斜镜缘，缘上饰一圈花朵。

孔雀瑞兽葡萄镜

图 160

唐

直径 19.8 厘米，重 2 114 克。

圆形，蟠龙钮，无钮座。一圈立墙式凸棱将镜背纹饰分为内外两区。内区纹饰作高浮雕，为相间隔的 4 只瑞兽狻猊和两只孔雀。狻猊伏地昂首，形态各异。孔雀一正一侧，或舞或立，摇曳尾屏于背上。孔雀与狻猊间夹杂带须蔓枝叶连接的串串葡萄。外区为各种姿态的 12 只喜鹊，有的飞翔，有的栖息，其周围饰有蜻蜓、蛱蝶等昆虫，以及带须蔓枝叶连接的葡萄。内斜镜缘，缘上饰一圈花朵。

唐代多用"瑞兽葡萄"作为装饰图案，以孔雀作为这类铜镜的主要题材，则为数很少[1]。狻猊即狮子，孔雀和狮子是佛教中的神禽、瑞兽。孔雀是佛教的神鸟，佛家语为摩由维，《涅槃经三十四》曰："自有众生，非因父母而得生长。譬如，孔雀闻雷震身而使得身。"佛教诸像中有孔雀明王，一头四臂，能驾孔雀。蛱蝶喻同心之意。

[1] 上海博物馆编. 练形神冶 莹质良工——上海博物馆藏铜镜精品. 上海：上海书画出版社，2005（4）：248.

[2] 陕西历史博物馆编. 千秋金鉴——陕西历史博物馆藏铜镜集成. 西安：陕西出版集团、三秦出版社，2012（10）：339.

瑞兽葡萄镜

图 161

唐

直径 14 厘米，重 605 克。

圆形，伏兽形钮，无钮座。一圈高凸棱将镜背纹饰分成内外两区。内区纹饰作高浮雕，饰 6 只瑞兽，或静卧、或奔跑、或回头，间饰雀鸟、葡萄枝叶。外区为环绕奔跑状的雀鸟、瑞兽，间以葡萄枝叶。内斜镜缘，缘上饰一圈卷草叶纹。

瑞兽葡萄镜

图 162

唐

直径 12.5 厘米,重 740 克。

圆形,钮为葡萄状狻猊,无钮座。一圈立墙式凸棱将镜背纹饰分为内外两区。内区纹饰作高浮雕,为相间隔的 5 只瑞兽狻猊,有的奔跑、有的安卧,其间填充带须蔓枝叶连接的葡萄。外区有 8 只形态不同的雀及 4 只展翅飞翔的蝶,其间填充带须蔓枝叶连接的葡萄。内斜镜缘,缘上饰一圈相互连接的花朵。

瑞兽葡萄镜

图 163

唐

直径 12.5 厘米，重 355 克。

　　圆形，伏兽钮，无钮座。一圈带齿的凸棱将镜背纹饰分为内外两区。内区 6 只瑞兽绕钮相逐，兽间有葡萄枝叶。外区有飞奔的瑞兽，飞翔的雀鸟，成串的葡萄及枝叶，他们相间排列。内斜镜缘，缘上饰一圈蔓草纹。此镜虽残，但纹饰精美。

瑞兽葡萄镜

图 164
唐
直径 17.4 厘米,重 805 克。

圆形,伏兽钮,无钮座。一圈带连珠的凸棱将镜背纹饰分为内外区。内区绕钮饰 6 只瑞兽及葡萄纹,外区饰飞禽走兽及葡萄枝叶。内斜镜缘,缘上饰一圈蔓草纹。

瑞兽葡萄镜

图 165

唐

直径 9.2 厘米,重 230 克。

圆形,蟠龙钮,无钮座。一圈立墙式凸棱将镜背纹饰分为内外两区,凸棱上布满葡萄及藤蔓。内区纹饰作高浮雕,为相间隔的 4 只瑞兽狻猊,狻猊伏地昂首,形态各异,狻猊间夹杂带须蔓枝叶连接的葡萄。外区为各种姿态的喜鹊,有的飞翔、有的栖息,间杂带须蔓枝叶连接的葡萄。内斜镜缘,缘上饰一圈花朵。

花鸟菱花镜

图166

唐

直径11厘米,重590克。

八出菱花形,圆钮,无钮座,平缘。一圈凸棱将镜背纹饰分为两区。内区双雀双凫雁环绕镜钮同向排列,其间配以花枝,双雀展翅飞翔,双凫雁一作觅食状,一作梳理羽毛状。外区8个菱形花瓣内饰8朵有叶有苞的小折枝花。整个画面简洁清新,动静结合,主次花纹相映成趣,可谓一幅花鸟小景。

鸟纹是当时相当流行的一种纹饰,蕴含着吉祥幸福、喜庆美满之意,颇受当时人们的青睐。花卉与飞鸟搭配的写实题材从盛唐时开始出现,中唐时依然流行。

花鸟菱花镜

图 167

唐

直径 9.4，重 240 克。

八出菱花形，圆钮，无钮座，平缘。一圈凸棱将镜背纹饰分为两区，内区有双鸾双雀同向排列，间饰 4 朵流云纹。外区 8 个菱形花瓣内相间排列 4 朵云纹和 4 只蝴蝶。

花鸟镜是唐代铜镜的一大镜类，唐人薛逢有云："嫁时宝镜依然在，鹊影菱花满光彩"描写的就是人们用此类镜的情景。

仙骑镜

图 168
唐
直径 11.5 厘米，重 225 克。

八出菱花形，圆钮，无钮座，平缘。一圈凸棱将镜背纹饰分为内外两区，内区为四仙人骑瑞兽跨仙鹤，作飞驰状。神仙头上有光环，飘带舒展，为凌空逍遥之状，座骑皆衬以云朵。外区 8 个菱形花瓣内相间排列 4 株带花苞的花枝和四蜂蝶。

《论衡·雷虚》："无翼而飞谓仙人，画仙人之形为之作翼。"镜背之仙人骑飞禽或飞兽，即为此类。

上海博物馆有一面鎏金仙骑纹菱花镜与之相似[1]，它的线条更加精致细腻，纹样更清晰。宝鸡青铜器博物院藏有四仙骑镜和二仙骑镜[2]，二仙骑镜主题纹饰中，两仙山与两仙人采用上下左右对称环钮布局。

[1] 上海博物馆编. 练形神冶 莹质良工——上海博物馆藏铜镜精品. 上海：上海书画出版社，2005（4）：272.
[2] 宝鸡青铜器博物院编. 对镜贴花黄——宝鸡青铜器博物院典藏铜镜精粹. 西安：陕西出版传媒集团、三秦出版社，2014（6）：114~115.

双雁系绶葵花镜

图169

唐

直径13.6厘米，重445克。

八出葵花形，圆钮，无钮座，平缘。一圈凸弦纹将镜背纹饰分为内外两区。内区钮左右两侧饰对称的双雁系绶，绶带上飘。钮上部一仙山隐现云头，下部一只长尾鸟口衔葡萄，立于花枝上。外区八出葵花瓣内饰相间排列的折枝花和如意云纹。

宝鸡青铜器博物院藏有相同的一面铜镜[1]。

史载唐玄宗每年农历八月初五生日，因而把这一天定为"千秋节"，千秋节有赐镜和献镜的典礼。其中凡带"千秋"铭的都属赐镜，赐镜的对象是四品以上王公和公主等显贵，赐镜的用意在于教化臣僚，兼示恩宠。献镜的群体则是王公以下的群臣，意在贺寿和颂德。献镜类型不尽相同，如双雀盘龙月宫镜、双鸾衔花镜、双鸾衔授镜、雀鸟花枝镜，以及天马、瑞兽、祥云等图案镜都是千秋镜[2]。《新唐书·礼乐志》称：此日群臣献甘露酒，并以制作的铜镜作为祝寿或互赠的礼物，唐玄宗还将铜镜赏赐给群臣，以示圣恩浩荡。

[1] 宝鸡青铜器博物院编.对镜贴花黄——宝鸡青铜器博物院典藏铜镜精粹.西安：陕西出版传媒集团、三秦出版社，2014（6）：104.

[2] 陈灿平.唐千秋镜考.中国国家博物馆馆刊，2011（5）.

双雁衔花葵花镜

图170
唐
直径12.8厘米,重480克。

八出葵花形,圆钮,无钮座,平缘。一圈凸弦纹将镜背纹饰分为内外两区。内区钮左右饰对称的鸿雁,共衔花枝交于镜钮上方,鸿雁展翅飞翔。镜钮下方有一枝折枝花,一只长尾雀鸟立于花枝上,低头好像正在啄花苞。外区八出葵花瓣内饰相间排列的折枝花及蝴蝶。

富丽堂皇的隋唐铜镜　195

双鸾奔马葵花镜

图 171
唐
直径 19 厘米，重 1 030 克。

八出葵花形，圆钮，无钮座，平缘。一圈凸弦纹将镜背纹饰分为内外两区。内区钮左右饰对称的鸾鸟，钮上方饰云纹，下方饰一奔马，马嘴衔一折枝莲花，马四蹄腾空，尾巴后飘。外区八出葵花瓣内饰相间排列的蜻蜓、如意云纹及花枝纹。

传说中鸾为赤色五彩，鸡形。唐镜上用鸾凤作为主要装饰，是因为鸾为凤凰之属，亦称"吉祥鸟"。双鸾镜流行于盛唐到中唐时期，唐代幅员辽阔，经济繁荣，文化昌盛，在铜镜纹饰上也表现出了一派歌舞升平的盛唐景象。

在唐代铜镜的主要纹饰中，奔马图案较为少见，此镜纹饰特殊，是难得的好资料。

双鸾衔授葵花镜

图172
唐
直径25厘米，重1720克。

八出葵花形，圆钮，无钮座，平缘。一圈凸弦纹将镜背纹饰分为内外两区。内区钮左右两侧各有一只鸾鸟立于莲花上作舞，鸾鸟曲颈、翘尾、展翅，口衔绶带，绶带向上向后飘扬。钮上下各有一枝折枝莲花。外区八出葵花瓣内饰8枝折枝花。

莲花在佛教象征净土[1]，以莲为居，即为净土之居，极乐世界称为莲邦，求生极乐净土之宗门亦称莲宗，故而佛教中的净土宗又称莲宗。佛教中也多以莲花作为宝座，取其纯洁高贵的品格。

[1] 上海博物馆编.练形神冶 莹质良工——上海博物馆藏铜镜精品.上海：上海书画出版社，2005（4）：77.

双鸾双雁鹦鹉葵花镜

图 173

唐

直径 22 厘米，重 1 800 克。

八出葵花形，圆钮，花瓣纹钮座，平缘。钮座外为一圈凸弦纹，座与弦纹之间短线连接。钮的左右两侧各有一只鸾鸟，鸾鸟体态雄壮，尾羽丰满，挟钮相对，展翅翘尾，立于花枝上。钮上方为一对大雁，共衔绶带，凌空飞翔。钮下方两只鹦鹉立于花枝上，一只低头翘尾觅食，另一只口衔折枝花回首张望。整个构图呈现出生机盎然、蓬勃向上、和谐完美的气氛。

花鸟镜是流行于盛唐、中唐之际最为绚丽的镜类之一，在风格布局上突破了初唐那种讲求对称和图案化的严谨布局。鸾鸟多成双成对出现，竞相飞舞，所以花鸟纹镜常常用作爱情婚姻的信物或嫁妆之一。衔于献谐音，绶于寿谐音，花鸟纹镜有寓意祝福吉祥、夫妻美满、家庭和谐、健康长寿。

西安市文物保护考古所[1]、宝鸡青铜器博物院[2]各藏有一面铜镜。

[1] 西安市文物保护考古所编著. 西安文物精华——铜镜. 西安：世界图书出版西安公司，2008（11）：108.

[2] 宝鸡青铜器博物院编. 对镜贴花黄——宝鸡青铜器博物院典藏铜镜精粹. 西安：陕西出版传媒集团、三秦出版社，2014（6）：101.

富丽堂皇的隋唐铜镜 199

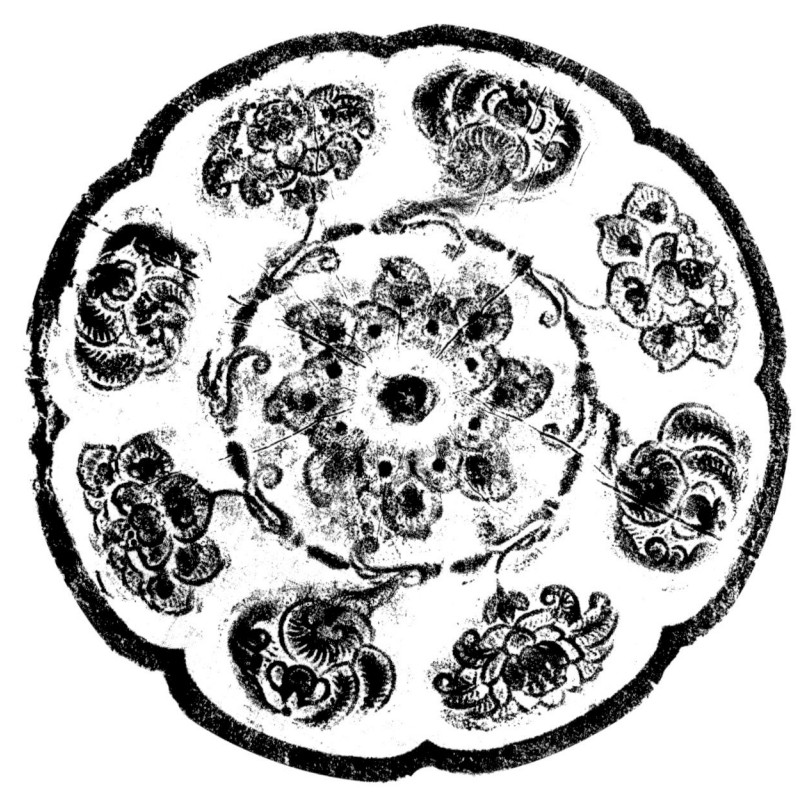

宝相花纹葵花镜

图174

唐

直径21.3厘米，重1 200克。

八出葵花形，圆钮，花瓣纹钮座，平缘。座外枝叶连接环绕成圈，由枝蔓向外放射出两种不同的大花8朵。两种花均为重瓣，一种花朵满开，花瓣成桃形，中心花蕊耸起，另一种花朵初绽，露出点点花蕊，花瓣舒卷。

"宝相花"[1]是佛教艺术中特有的花卉形象，通常是指将某些自然形态的花朵（主要是荷花），进行艺术加工处理，变成一种装饰化的花朵纹样，寄托圣洁的理念。宝相花为唐代典型花纹，服饰、金银器、织锦和壁画图案上到处可见。唐镜上的宝相花纹，通常都作正面俯视形，以二三种花形相间排列构成，六花、八花不等。上海博物馆藏有相似的一面铜镜[2]，宝鸡青铜器博物馆藏有相似的一面铜镜[3]。

[1] 孔祥星，刘一曼.中国古代铜镜.北京：文物出版社，1984（12）：156.
[2] 上海博物馆编.练形神冶 莹质良工——上海博物馆藏铜镜精品.上海：上海书画出版社，2005（4）：280.
[3] 宝鸡青铜器博物院编.对镜贴花黄——宝鸡青铜器博物院典藏铜镜精粹.西安：陕西出版传媒集团、三秦出版社，2014（6）：123.

四神镜

图175
唐
直径16.2厘米，重665克。

圆形，圆钮，宝相花瓣形钮座，平缘。座外为一圈小连珠纹，座与连珠纹间以短直线连接。

唐代四神镜与汉代、隋代四神镜不同，不仅没有地纹，也没有其他辅助装饰，仅以浮雕手法将青龙、白虎、朱雀、玄武四神按照方位分布于钮的四方，四神皆作奔走状，口衔折枝花。朱雀长尾，展翅。青龙颈部呈"S"形，四肢腾空，细长尾，两龙角后弯。玄武龟蛇绕在一起，蛇头弯曲顶在身体上，蛇尾从颈部缠绕而出。白虎四肢腾空，抬头张口，身后有羽翼，身上有虎斑纹。

宝鸡市青铜器博物院收藏有两面四神镜[1]。陕西省历史博物馆藏有一件，为1956年西安东郊高楼村唐墓出土[2]。

[1] 宝鸡青铜器博物院编.对镜贴花黄——宝鸡青铜器博物院典藏铜镜精粹.西安：陕西出版传媒集团、三秦出版社，2014（6）。
[2] 陕西省文物管理委员会编.陕西省出土铜镜.北京：文物出版社，1959（4）：125.

荣启奇葵花镜

图176

唐

直径12.7厘米，重380克。

六出葵花形，圆钮，无钮座，平缘。钮左侧一人站立，头戴高冠，身着宽袖长袍，右手持龙头拐杖，举左手伸出两指，似在发问，此人应是孔子。右侧一人也站立，头戴高冠，头微微向后仰，身披鹿裘带索，左手持琴，鼓琴而歌，神态自若，此人应是荣启奇。镜钮的上方有三列竖排铭文，每列3个字，铭文为"荣启奇问曰答孔夫子"9个字。钮下方为五根枝条的柳树。

这种纹饰的铜镜也称"三乐镜"。荣启奇又称荣启期，春秋时人，三乐故事取材于《列子·天瑞》中孔子与荣启期的故事。原文如下：孔子游于太山，见荣启期行乎郕之野，鹿裘带索，鼓琴而歌。孔子问曰："先生所以乐，何也？"对曰："吾乐甚多。天生万物，唯人为贵，而吾得为人，是一乐也。男女之别，男尊女卑，故以男为贵；吾既得为男矣，是二乐也。人生有不见日月、不免襁褓者，吾既已行年九十矣，是三乐也。贫者士之常也，死者人之终也，处常得终，当何忧哉？"孔子曰："善乎！能自宽者也。"此类镜尺寸不大，但纹饰一般较粗疏，线条模糊。1955年陕西西安市东郊王家坟第一号唐墓曾经出土，镜缘为八出葵花形[1]。上海博物馆也有收藏，镜缘是圆形[2]。

[1] 陕西历史博物馆编.千秋金鉴——陕西历史博物馆藏铜镜集成.西安：陕西出版集团、三秦出版社，2012（10）：443.陕西省文物管理委员会编.陕西省出土铜镜.北京：文物出版社，1959（4）：127.

[2] 上海博物馆编.练形神冶 莹质良工——上海博物馆藏铜镜精品.上海：上海书画出版社，2005（4）：96.

宝相花方镜

图 177

唐

边长 9 厘米,重 460 克。

正方形,圆钮,宽平缘。镜背以钮为花蕊,雕刻一朵八瓣宝相花。此镜画面简洁大方,典雅流畅。

西安市文物保护考古所藏有一面菱花形宝相花镜,构图与此镜基本相同[1]。

[1] 西安市文物保护考古所编著. 西安文物精华——铜镜. 西安:世界图书出版西安公司,2008(11):119.

减地龙纹镜

图 178
唐
直径 17.1 厘米,重 715 克。

圆形,圆钮,绳纹钮座,窄斜缘。座外两圈凸弦纹间为卷云纹。凸弦纹外为纹饰带,12 条龙纹互相缠绕,分为 6 组,龙头侧面,两两相对,龙身花纹为云雷纹,龙眼睛周围花纹为涡纹。

此镜花纹的制作方法与唐代常见的高浮雕不同,使用了"减地法"平雕。这是唐代中期之后兴起的一种制镜工艺,它采用民间剪纸手法使地纹剔除,留下图饰供欣赏,与陶瓷的剔花技法相类,在唐镜中较少见。

陕西历史博物馆有相同的一面铜镜[1]。

[1] 陕西历史博物馆编.千秋金鉴——陕西历史博物馆藏铜镜集成.西安:陕西出版集团、三秦出版社,2012(10):464.

减地人物树木花鸟纹镜

图179
唐
直径16.4厘米，重510克。

圆形，圆钮，圆形花瓣纹钮座，窄平缘。钮座上方为双鹤翱翔于云端。下方为4位高士围着长方形棋盘，两人对弈，两人观看。钮座右方一人长袖宽袍，带一卧牛，其下一人于树下溪畔，临水而坐，一手掩耳，疑为"许由洗耳，巢父饮牛"。钮左方为3人，因残缺只能看见头部，其间饰树木花草纹。这是一副布局繁密的画像镜，构图风格特殊，采用"减地法"平雕，为镜中罕见。

唐代棋盘的式样由此可见。3组图案均表现的隐逸于山林的高士，这种题材出现与当时文人崇尚隐逸生活有关。也有些资料命名为"高士园林纹镜"。上海博物馆藏有一面高逸图镜与之相近，刻画细腻，纹饰清晰[1]。本院这面粗糙，纹饰模糊。

[1] 上海博物馆编. 练形神冶 莹质良工——上海博物馆藏铜镜精品. 上海：上海书画出版社，2005（4）：274.

多姿多彩的宋金铜镜

宋金铜镜步入了缓慢发展阶段，宋镜的整体铜质不太好，含锡比例较低，镜体轻薄，颜色灰黄，不如唐镜一般银亮。新出现了带柄铜镜，如带柄梅花镜、带柄荷花镜，改变了传统的执镜方式，成为以后铜镜重要的样式之一。

金代铜镜既有模仿宋镜的痕迹，又有一些独具特色的产品。当时战争频繁，铜禁极严，不允许民间私铸铜镜，因此要官府检验方可流通。如承安三年铜镜，有明确的铸造机构、监管机构、最后的验收机构，为铜镜的断代提供了重要依据。双鱼镜是金镜中最富特点的镜种，女真人生活在松花江流域，世代从事渔猎，因此，金代铜镜中以鱼纹饰为题材的产品数量较多。神话人物故事镜也是金代流行的镜类，如唐王游月宫镜，所表现的题材最具想象力，是民间广为流传的神话传说，采用高浮雕技法，人物突出，背景细致富丽，情节具有戏剧性。

带柄梅花镜

图 180

宋

直径 18 厘米，通长 28 厘米，重 660 克。

圆形，长方形柄。镜背铸出梅花及几何纹，右侧有字铭，不可辨。

带柄荷花镜

图 181

宋

直径 7.2 厘米，重 40 克。

圆形，长方形柄，柄上光素无纹。镜背饰一朵简单的荷花图案，窄平凸缘。

童子花卉镜

图 182

宋

直径 13.7 厘米，重 400 克。

圆形，圆钮顶平，立墙式卷缘。两条凸棱形成的六出葵花纹圆圈内，浮雕着四童子在花卉间嬉戏。一童子左手抓倒立的花枝；一童子斜着身子，手抓枝条从右肩上穿过；一童子右手举花靠近镜钮；一童子背向镜钮。其余地方用花叶填充。整个画面纹饰饱满，人物造型生动活泼，洋溢着一种热烈、怡悦的情绪。

在古代铜镜中，以儿童题材作纹饰始于宋，金元时期略有发展，明清时期婴戏图案大大繁荣，广泛出现在绘画、瓷器等器物上。把花卉的纹饰与少儿形象结合，是用来寄寓吉祥、人丁兴旺的企盼，这便是此类铜镜创作的构思基础[1]。

[1] 西安市文物保护考古所编著.西安文物精华——铜镜.西安：世界图书出版西安公司，2008（11）：173.

承安三年镜

图 183

金

直径 9 厘米，重 140 克。

圆形，圆钮顶平，无钮座，窄缘高凸。一圈凸弦纹将镜背纹饰分成内外两区。内区为四兽相逐葡萄纹，外区为环绕一圈的楷书阳文"承安三年上元日，陕西东运司官造，监造録事任，提控运使高"26个字，"任"和"高"后各有一画押。

承安是金章宗的第二个年号，金章宗使用承安这个年号一共五年，从1196年开始，至1200年结束，承安三年即1198年。上元日：即农历正月十五，也是元宵节。陕西东运司：即陕西东路转运司的简写。转运司的职责主要是钱谷的掌管、征收、转运和仓库收纳等事。这面镜子是由陕西东运司负责制造的，是官造。録事：为金代地方官职。金代在诸府节镇设録事司，掌总録文薄，録事司是负责检验这面铜镜的机构，具体是由姓任的録事官验记画押的。提控运使：即提控所转运使的简称。属于提辖控制总领之官吏或吏职的尊称，并非是某一具体官职的称谓。"转运使"属地方官，负责钱谷掌管、征收、运转等事。这面铜镜由掌管一路税赋的提控所转运使（高姓）签押，此镜才可以到市面流通。

承安镜有纪年的都是承安二、三、四年，而且都是佳节，有上元日、端午日、中秋日，这些镜子都是陕西东、西路铸造的，显然是受了汉民族的影响[1]。

金代官府检验铜镜并刻款是金代铜镜区别于历代铜镜的一个重要标志[2]。这面镜子有铸造时间、铸造机构、监管机构、最后的验收机构，为铜镜的断代提供了重要依据。

[1] 孔祥星，李雪梅. 关于金代铜镜上的检验刻记. 考古，1992（2）.
[2] 田华. 金代铜镜的刻款及相关问题. 北方文物，1995（3）：87~93.

唐王游月宫镜

图184

金

直径18.5，重845克。

　　圆形，宽平素缘，圆钮，圆钮座。圆钮右侧饰以宏伟华丽的宇殿，高大的鸱吻，屋瓦和铺间隐现的人字拱清晰可见，饰有泡钉的两扇大门半掩，有一人扶门侧身远跳。钮左上方饰郁郁葱葱、枝叶繁茂的桂树，层峦叠嶂的山体。钮下方为一拱形桥，桥上有多人行走。桥左侧立一男子，头戴高冠，身穿长袍，弯腰拱手作揖。桥右端一人持幡回首，手指坐椅之人，似为前者指引。钮的右下侧一人长袍束带，坐于岸边的椅上，两侧各一执扇侍者。

　　镜背纹饰题材取于唐王游月宫的故事。据《唐逸史》记载：唐开元年间，中秋之夜，唐明皇邀请申天师及鸿都道人一同赏月。三人赏月把酒言欢之际，唐王心悦，想到月宫游历一番。于是申天师做法，方士罗公远掷手杖于月空，化作一座银桥，桥的那边一座城阙，横匾上书"广寒清虚之府"。罗公远对玄宗言道：此乃月宫是也！唐王见仙女数百，婀娜多姿，翩翩起舞与广庭之上，他看得如痴如醉，默记其舞蹈之中优美的曲调，回到人间后即令主管宫廷乐舞的官员依此整理出一首优美动听，仿佛天外之音的曲子，配上宫廷舞女的舞姿，即为著名的《霓裳羽衣曲》，至此成为流传千古的佳话。月宫也因此有"广寒宫"之称。

　　唐王游月宫镜各地出土较多。西安市文物保护考古所有一面[1]、宝鸡青铜器博物院有一面[2]、陕西省历史博物馆有三面[3]。

[1] 西安市文物保护考古所编著. 西安文物精华——铜镜. 西安：世界图书出版西安公司，2008（11）：159.

[2] 宝鸡青铜器博物院编. 对镜贴花黄——宝鸡青铜器博物院典藏铜镜精粹. 西安：陕西出版传媒集团、三秦出版社，2014（6）：150.

[3] 陕西历史博物馆编. 千秋金鉴——陕西历史博物馆藏铜镜集成. 西安：陕西出版集团、三秦出版社，2012（10）：511～512.

多姿多彩的宋金铜镜 215

双鱼镜

图 185

金

直径 10.7 厘米，重 300 克。

圆形，圆钮，顶扁平，平缘。主题纹饰为两条绕镜钮嬉戏的鲤鱼图案，鲤鱼绕钮同向漫游，首尾相连，鱼鳞鳍清晰，摇头摆尾，尾部自然扭动，其间满布水波纹，给人一种优美又鲜活的感觉。纹饰带外为一圈凸弦纹，一圈狭窄花草纹。此镜纹饰运用浮雕手法，鲤鱼造型优美，富有动感，使得整个画面给人一种大自然生态和谐的美感。

双鱼镜是金代最具特色和最为流行的镜类之一，其形制以圆形的居多，主题纹饰均为两条鲤鱼在水中对游。鱼是女真人所崇拜的对象之一，女真族生活在白山黑水之间，河清水秀，盛产鲤鱼。鲤鱼是松花江产量最多的一种鱼类，与女真族人民生活关系密切。鱼纹大量地出现在金代铜镜上，可能与当时施行的鱼符、鱼袋制度及女真族尊崇鱼类的思想密不可分[1]。

[1] 西安市文物保护考古所编著. 西安文物精华——铜镜. 西安：世界图书出版西安公司，2008（11）：146.

双鱼镜

图186

金

直径12.4厘米，重215克。

圆形，桥形钮，素平缘。镜钮上下各有一条肥硕的浅浮雕鲤鱼图案，鱼鳞鳍清晰，摇头摆尾，尾部自然扭动，其间满布水波纹，给人一种优美又鲜活的感觉。钮左方单线长方形框内有"镜子局官"铸款，还有一画押。

双鱼镜出土和著录较多，其中一部分铸制精细，纹饰线条匀密，造型生动，为官造。另一部分造型笨拙，纹饰模糊，线条粗糙，为私铸。

盘龙纹镜

图187

金

直径6.5厘米，重75克。

圆形，桥形钮，宽平缘。一条翻滚的龙环钮相绕，龙曲身弓背，身披鳞甲，四肢三爪，长尾弯曲，首尾间有带火焰的圆球，四周有云纹填充。龙身盘旋，灵活舞动，线条简练粗狂，造型刚健有力。

《东北民间铜镜鉴赏》收藏有相近的一面铜镜[1]。

[1] 杨志斌编著. 东北民间铜镜鉴赏. 长春：吉林摄影出版社. 2008：40.

衰退中创新的元明清铜镜

元代由蒙古族所建立，铜镜总体形制纹饰粗糙简陋，式样较少，但也不乏好的作品，可以说是："粗者甚粗、精者颇精。"如四凤牡丹纹铜镜，采用高浮雕铸造工艺，制作精致，纹饰饱满富丽，布局紧凑，器形硕大且厚重，就是铜镜中难得的精品。

明清是铜镜发展的尾声，明代铜镜数量不少，但造型和纹饰都形式化、简单化，缺乏艺术创造力。大量制作形式统一的多宝镜、方格铭文镜、素面镜等，铭文内容为多子、福寿、科举等吉祥话语。明镜圆钮较大，顶部趋平并常铸有铭文，银锭钮是明代又一种流行的镜钮，它是断代的重要依据。清代铜镜体大而厚重，钮为圆柱形和平顶圆钮两种，铭文镜有的非铸造而为毛笔书写。清中期以后，随着玻璃镜的引入和传播，铜镜逐渐退出历史舞台。

蔓草兽纹镜

图 188
元
直径 9.6 厘米，重 120 克。

圆形，弓形钮顶平，圆形钮座，镜缘窄卷。一圈细弦纹将镜背纹饰区分为内外两区。内区浮雕三兽环绕追逐图案。外区为一圈枝叶蔓草纹，蔓草中间有一单线长框铭记，铭文为"吉安路胡东有作"7个字。

吉安路，元仁宗皇庆元年（1312）所设，命名取吉水、安福两州各一字，明洪武元年（1368）废吉安路，置吉安府，由行政区划的建置沿革可知，凡是铸有"吉安路"铭文的铜镜，应皆为元代所铸，铸地在吉安路治所吉安县。

元代吉安路胡东有制作的铭文铜镜，存世较多，所铸铭文内容，大致有以下三种："吉安路""胡东有作上等端正青铜镜子""吉安路胡东有作"。铭文内容包含工匠姓名、所在地址和广告语，具有商标性质。

1972年江西九江市出土一面蔓草兽纹镜与此镜相同[1]。

[1] 陈柏泉. 记元明时期江西铸造的铜镜. 考古，1988（7）.

凤凰牡丹镜

图189

元

直径27.9厘米，重2 463克。

圆形，圆钮，花瓣纹钮座，宽平缘。一圈凸棱将镜背纹饰分为两区。内区饰一圈五瑞兽，五兽间有多宝图案。外区饰4只凤凰8朵牡丹纹。凤凰仰头，展翅飞翔，长尾，其中两只凤冠高大，另两只无冠，应为雌雄两对。近缘处饰14瓣菱花形及14朵云气纹。此镜纹饰为高浮雕铸造，布局紧凑，整个画面富丽饱满。

民间常把以凤凰、牡丹为主题的纹样，称之为"凤穿牡丹""凤喜牡丹"及"牡丹引凤"等。在古代传说中，凤为鸟中之王，牡丹为花中之王，两者结合象征着荣耀辉煌，寓意为万物繁荣、百鸟朝贺。瑞兽是能够给人们带来幸福祥瑞的神兽。多宝是象征美好蕴意的物品，如方胜、牛角、宝珠、卷轴书画、祥云、仙果等。镜背上呈现的凤凰、牡丹、瑞兽、多宝等图案是吉祥富贵的体现，象征了世间一切美好的景象。

故宫博物院收藏一面牡丹凤凰镜于此镜相同[1]。苏州虎丘茶花村元墓也出土有同样的一面铜镜。

[1] 郭玉海.故宫藏镜.北京：紫禁城出版社，2008：159.

凰（单体） 　　　　　　　　凤（单体）

人物杂宝镜

图 190

明

直径 9.5 厘米，重 135 克。

圆形，银锭形钮，立墙式卷缘。纹饰由上至下排列，最上方中心一座仙阁，两侧为展翅高飞的仙鹤。钮上为画卷，钮左右两侧各有一人，手持宝物。钮下一神兽，两侧及下方为元宝钱和花朵。此镜寓意富贵吉祥，是明代常见的镜式。

人物杂宝镜

图 191

明

直径 7.7 厘米，重 75 克。

圆形，银锭形钮，立墙式卷缘。钮上方饰一座仙阁，左右各饰一人站立，手中持物。钮下方饰元宝钱、花枝图案。画面简洁，立体感强。

束腰造型的银锭见于元代至明代中期之前[1]。

[1] 上海博物馆编. 练形神冶 莹质良工——上海博物馆藏铜镜精品. 上海：上海书画出版社，2005（4）：362.

长命富贵镜

图 192

明

直径 10.5 厘米，重 165 克。

圆形，桥形钮顶平，立墙式卷缘。缘内为一圈凸棱，凸棱和钮之间有 4 个正方形框，框内有"长命富贵"4 个字。

五子登科镜

图 193

明

直径 26 厘米，重 2 245 克。

圆形，柱形钮，立墙式卷缘。缘内为一圈凸棱，凸棱和钮之间有 4 个正方形框，框内有楷书"五子登科"4 个字。

该镜以"五子登科"为吉语[1]，寓意子孙仕途光明，家族兴旺昌盛。五子登科故事，出自《宋史》。讲的是宋人窦禹钧有五子，并相继登科的典故。此类铭文铜镜的出现和流行，与明代空前繁荣的科举制度紧密相关。符合众多家长和学子渴望高中，光耀门楣的心理。

[1] 吴鹏鹞，尹钊，戴雪峰. 明清铭文铜镜讨吉祥. 收藏与投资，2019（12）：104～109.

状元及第镜

图 194

明

直径 10.6 厘米，重 170 克。

圆形，圆钮，立墙式卷缘。缘内为一圈凸棱，凸棱和钮之间有 4 个正方形框，框内铸有"状元及第" 4 个字。

福寿双全镜

图 195

明

直径 13.8 厘米，重 300 克。

圆形，圆柱形钮，立墙式卷缘。缘内为一圈凸棱，凸棱和钮之间有 4 个正方形框，框内有"福寿双全" 4 个字。

鸾凤呈祥镜

图 196

明

直径 22.5 厘米，重 1 420 克。

圆形，圆柱形钮，立墙式卷缘。缘内为一圈凸棱，凸棱和钮之间有 4 个正方形框，框内有"鸾凤呈祥"4 个字。

五桂联芳镜

图 197

明

直径 12 厘米，重 290 克。

圆形，圆钮，立墙式卷缘。缘内为一圈凸弦纹，弦纹和钮之间有 4 个正方形框，框内有"五桂联芳"4 个字。

长命富贵镜

图 198

明

直径 18.6 厘米,重 895 克。

圆形,圆柱形钮,圆形钮座,立墙式卷缘,缘内为一圈凸棱。钮座内饰花卉,钮座外饰有篆书"长命富贵"4 个字,字与字之间配置一株牡丹花和杂宝,字体端庄,花纹繁复,花宝相间,吉祥顿生。

湖州薛茂松造镜

图 199

明

直径 7.3 厘米,重 210 克。

圆形,圆柱形钮顶平,立墙式卷缘。钮上有"湖州薛茂松造"6 个字。缘内为一圈凸棱。

明代湖州是全国重要的制镜中心[1],重要的制镜家族已由宋代的石家变为薛氏家族。据明代《乌程县志》载:"湖之薛镜驰名。薛,杭人,而业于湖。"见于记载的明代湖州薛氏家族的制镜名家有薛仰峰、薛怀泉、薛茂松等多人。

[1] 夏伙根.馆藏湖州镜初探.文物天地,2016(10):40~44.

达摩渡海镜

图 200

明

直径 7.1 厘米，重 60 克。

圆形，圆钮。镜背图案为一人持伞站立在波浪汹涌的大海上，图案内容是达摩单苇渡海的故事。窄平缘，镜缘内为两圈凸棱。

达摩渡海：达摩，全称菩提达摩，南天竺人，婆罗门种姓。他神慧疏朗，冥心虚寂，自称佛传二十八代祖。在南朝梁大通元年（527）航海至广州，梁武帝在都城建业（今南京）与达摩会面。梁武帝是笃信佛教的帝王，建寺、写经、度僧、造像甚多，因而他很自负地询问达摩：我做了这些事有多少功德？达摩却说：无公德。武帝又问：何以无公德？达摩说：此事有为之事，不是实在公德。武帝不能理解，达摩遂渡江（传说中的达摩一苇渡江）而去。达摩后至北魏都城洛阳嵩山少林寺，面壁 9 年，成为一代高僧，传衣钵于慧可，出禹门游化终身。东魏天平三年（536）卒于洛滨，葬熊耳山。

扶风县博物馆藏有一面铜镜与此镜相同[1]。

[1] 扶风县博物馆编.镜鉴千秋——扶风县博物馆馆藏铜镜集萃.西安：陕西出版传媒集团、三秦出版社，2014（4）：137.

薛怀泉造镜

图201

明

直径15.3厘米，重485克。

圆形，圆柱形钮顶平，立墙式卷缘。钮上阳文篆书"薛怀泉造"4个字。缘内为一圈凸棱，素面。

薛怀泉是明代湖州薛氏家族的制镜名家，晋祠博物馆也藏有一面落款"薛怀泉造"的铜镜[1]。

二龙戏珠镜

图202

明

直径12.9厘米，重300克。

圆形，圆形钮，立墙式卷缘。缘内为一圈凸弦纹。钮外浅浮雕二龙戏火珠图案，龙首间圆形突起代表珠子，珠子周围的装饰代表火焰。龙背弓起，脊毛排列整齐。龙有四足四爪，足爪同侧、粗壮。钮下为莲花图案。

关于龙爪的个数，战国时期龙有的似兽，四足，每足四爪。汉代龙有的似蛇，但大多似兽，四足三爪。魏晋南北朝时期是龙纹定型时期，龙多四足三爪，爪似鸡爪。隋唐铜镜上的龙纹颇多，基本上都是三爪。从元代开始皇家用物上的龙纹全是五爪，而文人画中、民间器物上的龙为四爪、三爪。明清皇家皆用二角五爪龙纹，大臣服饰上的龙有的五爪，有的四爪，但无角（被称为蟒），民间器物上的龙只有三爪、四爪[2]。

扶风县博物馆藏有一面与此相同[3]。

---

[1] 晋祠博物馆编. 鉴于岁月——晋祠博物馆馆藏铜镜选. 太原：山西出版传媒集团、山西经济出版社，2014（12）：275.

[2] 陈传席. 龙的爪数初探. 美术研究，2014-05-15.

[3] 扶风县博物馆编. 镜鉴千秋——扶风县博物馆藏铜镜集萃. 西安：陕西出版传媒集团、三秦出版社，2014（4）：147.

薛晋侯造方镜

图 203

清

边长 9 厘米，重 165 克。

正方形，边缘较宽，内书阳文隶书 20 个字，"方正而明，万里无尘，水天一色，犀照群伦"，印款为"薛晋侯造"，字体方正。

薛晋侯[1]，字惠公，清代浙江吴兴人（今湖州），是一位出类拔萃的铸造铜镜的工匠。"薛晋侯造"铜镜是中国古代铜镜最后一批大量制造的产品，在清代颇负盛名，铸造它的"薛惠公老店"则是当时湖州私家造镜业中最有名的一家作坊。他所铸的诗文方镜、百子镜、吉语镜，常常作为贡品、皇家的密藏，时称薛家镜，流传至今。铭文中"方正"两字指人行为、品性正直无邪。"方正而明，万里无尘，水天一色，犀照群伦"意思是为官者要做到正直、公道、廉洁奉公，社会就会政治清明、天下太平、百姓安乐，表达了文人学子以镜明心、以镜抒怀的情操，以及对太平盛世、幸福生活的向往。在众多的湖州镜中，薛晋侯所铸的铜镜最为出名。

[1] 郭玉海.湖州薛晋侯造铜镜.收藏家，1999（03）.

马桂南自造镜

图 204

清

直径 31.3 厘米，重 4 020 克。

圆形，圆柱形钮顶平，钮上阳文篆书"马桂南自造"5 个字，素面。

素镜

图 205

清

直径 10.4 厘米，重 295 克。

圆形，圆柱形钮，花瓣纹钮座，宽凸平缘。

咸阳博物院铜镜概述

罗红侠

铜镜是青铜器中举足轻重的重要门类。既是一种具有实用价值的生活用品，又蕴含了丰富的艺术价值和文化价值。咸阳作为秦代都城和汉唐长安城的京畿之地，有着厚重的文化底蕴。咸阳北原上埋藏有西汉11座帝陵中的9座，以及大量陪葬墓，唐代18座帝陵中半数位于咸阳的乾县、礼泉、三原县境内，遗留下了诸多珍贵的遗迹、遗物，其中包括大量的铜镜。这为我们认识、了解古人的生活、思想、文化开启了一扇独特的视窗。

咸阳博物院自1962年创建以来至2022年底，先后通过发掘出土、馆际交换、官方移交和社会征集等方式收藏战国至明清各个朝代的铜镜388面，以汉唐时期铜镜数量最多，宋金元明清时期次之。这些铜镜基本能够反映整个咸阳地区铜镜的品类。本书从我院藏品中选取了历代具有代表性的铜镜205面，对每一面铜镜的时代、形制、纹饰特征、流行时间等相关信息，做了详尽的描述，并进行了较系统的分类和研究。

一

战国时期，随着冶炼技术的提高，铜镜使用盛行，产量随之大增，铜镜发展进入成熟期。铸造工艺提高，质量精良，图案丰富，突破了商周时期仅局限于高级贵族使用的范围，成为贵族阶层普遍使用的日用品。尤其是南方的楚文化地区，出土了大量的工艺精湛的铜镜。这个时期铜镜形体轻巧，纹饰细致，线条流畅，背部图案多采用底纹映衬主纹手法，表现力强，富于层次感，粗犷中透露着细腻。本院收藏的战国镜数量不多，有羽状纹镜、弦纹镜等。其中羽状地纹镜（图1），是由羽状地纹组成，这种纹饰在春秋晚期和战国早期青铜器上风行一时，纹饰虽然非常精细和复杂，有时可达到纤毫可辨的程度，但制作还是有规律的，系用同一单位的印模连续压印拼接而成，范线明显，实际制作并不过于复杂。

二

西汉定都长安，咸阳距离长安只有短短十几公里，作为重要的京畿之地，受帝都的影响，出土铜镜数量自然不少，尤其是汉武帝时期，随着农业经济的发展和铁器广泛使用，手工业生产的规模和水平都有了很大发展和提高，金属铸造工艺不断进步。铁制农具、兵器迅速普及，陶瓷和漆器制造业有了长足发展，原来的青铜器皿逐渐为铁器、漆器和陶瓷器所取代。当青铜日用品逐渐被陶瓷替代的时候，铜镜却获得了重要发展，这一时期铜镜不仅在数量上增多，质量上提高，而且在制作形式和艺术表现手法上也有了很大发展，是铜镜发展的鼎盛期。下面就咸阳博物院藏两汉铜镜的分期、特点、文化内涵归纳如下。

（一）汉镜的分期

1. 西汉早期

西汉早期主要流行蟠螭纹镜，日光镜、昭明镜、草叶纹镜、星云镜、蟠虺纹镜等相继出现。

西汉前期，社会处于经济恢复时期，铸镜工艺发展不大，在形制和纹饰上基本继承和沿用战国风格。特点是镜体单薄，镜面较小，弦式钮，内凹式卷缘，但主纹和地纹之间的差别逐渐减弱，地纹没有了单元纹饰范拼兑工艺，如圈带四花镜（图8），新出现了双线式或三线式的主纹表现手法，如三叶三龙镜（图9），及内圈带配置铭文的构图方式，如大乐富贵蟠螭纹镜（图12）等，这类铜镜楚墓出土较多，明显受到了楚文化影响。

由于战国那种老形制铜镜制作工艺特别是制模工艺相对复杂，工期长，在西汉早期逐渐被新镜种取代。这些新镜种制作工艺简单，省工省时省成本，因此，新镜种取代老形制，是历史的必然。与此同时，在被接踵而来的新镜种彻底取代过程中，也留下了一些中间过渡产品。如长毋相忘镜（图14）、四乳四叶纹镜（图17）及四乳连弧圈带镜（图20）等。可看到，这些铜镜基本还保留了平面、弦式钮、内凹式卷缘等3个战国镜的特征，但镜钮已经被固定在镜模上，在这样的模上夯出的范，再不会出现钮偏心，并且多已经抛弃了地纹。

经过文景之治后，社会经济有了长足发展，铜镜的铸造与使用也开始进入了一个崭新的时期，出现了许多新颖的镜种。服者君王镜（图23），虽然还保留了平面及内凹式卷缘，但已经没有了地纹，也没有了弦式钮，新出现了半圆钮和柿纹蒂钮座。日光镜（图24）可以看到，除了镜缘还保留了战国镜的内凹式卷缘外，其他战国镜的基本特征都不存在了，以上两镜可认为是半圆钮初始阶段的产品。

文景时期新出现的镜种有日光镜、昭明镜、铜华镜、草叶纹镜、星云镜、四乳四虺镜、博局镜、四乳四神镜、四乳龙虎镜等，这些镜种汉景帝阳陵都有出土。日光镜、昭明镜、铜华镜的特征是钮座外内区纹饰为连弧纹，外区为铭文带，共同构成主题纹饰。主要流行于西汉中晚期至王莽时期，东汉早期以后消失。草叶纹镜的特征是钮座外一般为大方格铭文带围绕，方格外布置草叶纹。星云镜以四乳钉为基点将镜背均匀分成四部分，每部分排列小乳钉，以曲线连接，其形状似天文星象。草叶纹镜和星云镜是采用圆规和直尺，通过几何造型创造出来的。草叶纹镜和星云镜的镜缘，绝大多数是16个内向连弧纹，是4的倍数。这些均匀的内向连弧如果都用手工直接画出来，这是很难做到的。董亚巍先生通过对汉代的内向连弧纹镜的研究发现，这种纹饰是古人用圆规分出的等分。对四神博局镜的背纹进行研究后发现，四神博局镜背纹中的几何纹饰也全部是采用圆规及直尺经过精心绘制而成。直至今日还可以看到，四神博局镜背纹中的几何纹饰，大都在某两条线的相交点上。从而说明汉代的先民已具有了一定的机械制图水平。四乳四虺镜，也是文景时期的新品种，从四乳四虺镜（图57）中可看到都是较宽的镜缘，说明这个镜种的时间晚于日光镜。处在这个时期的铜镜还有卷云纹镜（图63）、家常贵富镜（图64）、宝乐富昌镜（图65）、稍晚的四乳八禽镜（图68）等。

2. 西汉中期

西汉中期日光镜、昭明镜、铜花镜、草叶纹镜、星云镜、蟠螭纹镜老镜种继续流行，新出现清白镜、日有熹镜、重圈铭文镜、纹带镜等镜种。清白镜出现在西汉中期偏晚，多见于西汉晚期。日有熹镜出现在草叶纹镜上的时代为西汉中期，出现在连弧纹镜上的时代为西汉晚期。重圈铭文镜主纹饰区有两周铭文带，出现于西汉中期，常见于西汉晚期。从西汉中期到西汉晚期，逐渐创新出来一种以乳钉分区的纹带镜。分多乳四神纹带镜、多乳禽鸟纹带镜、多乳禽兽纹带镜。这种镜早期的产品是四乳纹带镜，随着技术的不断提高，逐渐创新出来五乳、六乳及七乳纹带镜。其共同点就是在钮座外都有一周圆形的平顶凸棱。根据技术发展进程看，在乳钉纹带镜中乳钉越少，时代越早。如四乳四神镜（图71），就属于四乳纹带镜中的一个早期产品。在此镜的纹饰中，可看到已经把代表方位的四神，即青龙、白虎、朱雀、玄武以线雕形式体现出来而形态各异。

3. 西汉晚期至新莽

西汉晚期及王莽时期日光镜、昭明镜、四乳四虺等镜继续流行，新出现并流行博局镜、四禽八鸟镜。

博局镜是汉代最流行的镜种之一，因其图案中有"T""L""V"符号而得名，根据其纹饰内容可分四神博局镜、鸟兽博局镜、几何博局镜、简化博局镜。四神、禽兽、几何纹博局镜流行于西汉晚期，王莽及东汉前期，简化博局镜盛行于东汉中、晚期。四神和博局，本是两个不相干的纹饰形象。把四神与博局结合成一个完整的画面，是西汉时期的又一个文化创新，四神博局镜就是一例（图72）。此镜中的四神纹饰笨拙，而四神方位准确，由4个小乳钉分区，最关键的是将博局纹均布定位在外圆内方的纹饰区中，机械制图与传统文化的结合。圆规画出的所有纹饰，都属于几何造形，而四神纹饰的绘制，则属于绘画造形。这枚铜镜的制作，当是几何造形与绘画造形结合的初级产物。虽然此时还没有将天干地支配入方位，但已形成了四神博局镜最基本的概念。钮孔设为了南北向，说明此镜的绘画师既熟悉中国传统文化，又了解范铸工艺的反向思维。因此，这枚铜镜可视为西汉四神博局镜的早期形态，是研究四神博局镜发展的一个早期标本。

四神博局镜创新自西汉中期，一直流行到了东汉中期甚至更晚，横跨西汉、王莽及东汉3个时期，西汉是四神博局的创新期，逐步发展完善至王莽时期彻底成熟并继续流行，共在汉代流行了约200年。区分西汉与东汉的四神博局镜，有3个要素，其一，是看镜缘的宽度，西汉的镜缘比例窄，东汉宽。其二，是看钮座外有无十二地支，西汉刚创新时，十二地支还没有纳入纹饰，东汉有。其三，是看玄武的形象是什么形态。虽然都有玄武，但在西汉的玄武形象中，蛇与龟各是各，蛇没有缠绕龟，东汉的玄武形象是蛇缠绕着龟体。以图132为例，可看到镜缘一周锯齿纹外又有一周云水纹，这是东汉四神博局镜标准的镜缘宽度及纹饰配置。方框内设置十二地支，十二地支有各自固定的方位，四神也有各自固定的方位。在此镜纹饰中，首先可看到四神的方位准确，在地支中，可看到子北、午南、卯东、酉西，都处在正确的位置与对应的四神配套。而此镜的钮孔，开设在正确的南北方向。看此镜四神及所有线雕纹饰的构图，明显比西汉四神纹饰更成熟。

4. 东汉

东汉早期，西汉中晚期流行的日光镜、昭明镜、铜华镜等渐渐被其他镜类所取代，博局镜、连弧纹镜、神兽镜、龙虎镜广泛流行起来。

连弧纹镜类的特征是以内向连弧纹为主题纹饰，铭文处于装饰从属地位。根据其构图特征可分为云雷连弧纹镜、长宜子孙连弧纹镜、素连弧纹镜。连弧纹镜类流行年代在东汉早期至东汉晚期，云雷连弧纹比长宜子孙连弧纹流行早些，长宜子孙连弧纹主要盛行东汉早期。

变形四叶纹镜类的特征为座外四蝙蝠形叶向外呈放射状，占据镜背中心位置，并将内区分成4区。4区内配置兽首、夔纹、凤纹等，根据配置内容可分为变形四叶兽首镜、变形四叶夔纹镜、变形四叶八凤镜等。流行在东汉中期，到东汉晚期结束，以后少有铸造。变形四叶兽首镜（图 136），兽首镜的纹饰，是采用了减地法剩出纹饰，这样就可以直接雕阳模，省去了制作阴模再翻阳模的麻烦，这应当是技术上的又一个新突破。受兽首镜制模工艺的影响，为减少成本，采用相同工艺生产出来的铜镜还有四叶四龙镜、双龙镜、四叶八凤镜等。

神兽镜类是以浮雕手法表现主题纹饰神像、龙虎等题材的镜类。图案隆起凸出，改变了以前纹饰主要有线条构成的方式。神兽镜在东汉早期兴起，中晚期逐渐流行。东汉时期，神兽镜的主要产地是当时的彭城与会稽。公元 229 年孙权在今湖北鄂州称帝建都，改地名为武昌。为繁荣都城，从会稽迁来一批有名号的铸镜工匠到武昌，大量铸造了神兽镜。所以，东汉后期神兽镜的产地主要为今天江苏的徐州、浙江的绍兴及湖北的鄂州。由于这三大铸镜中心都远离关中，因此，绝大多数神兽镜，出自以上 3 个地区及其周边地区，北方出神兽镜的概率小。东汉末年，道教在南方兴起，南方的信徒增多，这也是神兽镜在南方产品多的一个原因。

尚方神兽镜（图 144），这种三分形制的神兽镜，在江南出土众多神兽镜中极少见到。由于锈蚀严重，只识别出一个方枚的 4 字铭文为尚方明镜。从纹饰看，以这个方枚为中心，左边的神为东王公，右边的神是西王母，其余一神为伯牙。各种神与东王公及西王母，都是道教的偶像。虽然道教是在东汉末才逐渐形成，但道家文化在中国却是源远流长。看形制，这枚尚方神兽镜的时代，当在东汉早期，早于江南的神兽镜。在东汉中晚期，江南出土一些成熟的对置式神兽镜中，普遍铸有 4 个神，即代表东方的东王公、代表西方的西王母、代表南方的伯牙及代表北方的轩辕黄帝。这种方位明确的神兽镜，主要流行在东汉中晚期至三国时期的江南地区。而咸阳博物院藏的这枚神兽镜，其形制及镜缘皆属于东汉早期。纹饰中少了轩辕，又是三分，说明代表 4 个方位神的概念还没有确立，当是神兽镜初始阶段的产品。三羊四兽镜（图 146）、吾作四兽镜（图 145），也都属于东汉早期的形制，这些铜镜只兽没有神，可看作是制作神兽镜的一级台阶。

龙虎纹镜类的特点是镜钮高大，镜钮的体积大，镜面凸起高，占据中心十分突出的地位，有的还是主题纹饰的一部分。分为龙虎对峙镜、盘龙镜两种，流行在东汉晚期。如龙虎镜（图 138），主题纹饰为浮雕的龙虎。盘龙镜（图 142），主题纹饰为一条高浮雕盘龙。

（二）汉镜的主要特点

1. 突出主纹，地纹逐渐消失

西汉前期地纹已渐趋粗略，如圈带四花镜、三叶三龙镜。西汉中期的草叶纹镜、星云镜、连弧纹镜类、重圈铭文镜、四乳禽兽纹镜类已不再使用地纹衬托主纹的表现手法，重叠布置纹饰的方式退出历史舞台，主纹成为铜镜的单一图案。

2. 四分法布局

以四乳钉为基点将镜背均匀分成4部分，其内布置主题纹饰，形成既对称又连续的图形装饰。如四乳圈带镜、四乳星云镜、四乳四虺镜、四乳卷云纹镜、四乳四神镜、四乳四龙镜、四乳博局镜、四乳八禽镜、四乳纹带镜等。

3. 铭文逐渐成为铜镜纹饰的组成部分

战国末期，铜镜上开始出现铭文。西汉初年铭文只是作为布置在某些纹饰中的一个部分。如大乐贵富蟠螭纹镜，在钮座与主纹饰之间出现一圈铭文带，改变了以前只用图案装饰铜镜的历史，繁复华丽的纹饰图案仍占主体地位，铭文所占面积较小，仅作为配饰使用，处于辅助地位。文景时期出现了以铭文为铜镜主题内容的情况，如日光镜、昭明镜、清白镜、铜华镜、日有熹镜等镜种，铭文与连弧纹同处于主纹地位。重圈铭文镜种则完全以铭文为主，其他纹饰则处于从属地位。到了西汉晚期特别是王莽时期，铭文种类繁多，内容丰富，排列灵活，这个时期的铜镜铭文以"尚方"铭最多，"作佳镜"铭也逐渐出现。东汉中期以后，铭文字数开始减少，铭文地位显著下降，一般不在圆圈形铭文带内排列，而是镶嵌在钮座的变形四叶纹之间，出现了许多形状各异的装饰性很强的花体字，铭文成为纹饰的陪衬，起点缀作用。

4. 主题纹饰

西汉中期的铜镜，主题纹饰素朴，图案结构简单。连弧铭文镜、重圈铭文镜类只是一圈或两圈铭文，四乳四虺镜在四乳间刻画极为简单的四螭，宽素平缘，不加任何装饰，改变了战国那种多层装饰及严谨神秘的风格。到了西汉晚期特别是王莽时期，铜镜的纹饰题材有了重要突破，以四神为中心，形象各异的禽鸟、瑞兽成为铜镜的主题纹饰，造型更为形象化，生动活泼，具有强烈的现实感。这个时期流行的镜种，不仅主题纹饰精美，而且一反前期多素宽缘的形式，注重铜镜边缘的装饰。流云纹的缘、三角锯齿纹缘、双线波折纹缘等，配合着四神、禽兽等主题纹饰，使铜镜更富于艺术性。东汉中期以后，铜镜题材广泛、纹饰结构复杂。规矩镜继续沿用，连弧纹镜、变形四叶纹镜、龙虎镜、盘龙镜、多乳禽兽镜、神兽镜、画像镜出现并流行起来，神仙思想泛滥，纹饰中吸收东王公、西王母的内容。

5. 表现手法趋于多元

汉代铜镜主题的表现技法，从西汉一直到东汉中期以前，如草叶纹镜、重圈铭文镜、连弧纹镜、规矩镜、乳钉禽兽镜等都是采用单线条勾勒轮廓为主要表现手法，东汉中期以后，神兽镜、画像镜、龙虎镜等都采用浮雕式的手法，主题纹饰隆起突出，高低起伏，形象生动。

（三）汉镜的文化内涵

铜镜作为社会生产的产物，其工艺水平反映了当时社会生活水平的高低，而纹饰内容——各种图案和铭文，与当时的政治、经济，尤其是思想文化、时代风尚息息相关，蕴藏着丰富的历史文化内涵。

1. 追求美好的吉祥语

这类铭文数量最多，有："大乐贵富，千秋万岁，宜酒食""常乐未央，长毋相忘""见日之光，天下大阳，服者君王""家常贵富""宝乐富昌""涷冶铜华清而明，以之为镜宜文章，延年益寿去不祥，与天无极而日月之光，千秋万岁，常乐未央""……清光宜佳人""日有熹，月有富，乐无事，常得意，美人会，竽瑟侍，贾市利，万事平，老复丁，复生宁""日有熹，长贵富，乐毋事，宜酒食""长宜子孙""君宜官秩""君宜官位""君宜高官""位至三公""延年益寿""吾作明镜""三羊作镜、幽涷官商、上有□佳、位至三公""吾作明镜、幽涷三商、长宜高官、位至三公"等，这些铭文，以毫不含蓄的语词，直截了当地表达了当时人们渴望高官厚禄、富贵长寿、家庭安乐、子孙蕃昌的普遍心理，从中可深切感受到汉代人对现实生活的热切追求。

2. 表达情感的相思语

如"见日之光，长毋相忘""常乐未央，长毋相忘"，出现在双龙镜、草叶纹镜、日光镜等多种镜型上，是亲朋之间互表相思的盟约，是情男痴女的爱情誓言，还是空守闺中的少妇思念远行郎君的哀怨之词。

3. 宣传质量的广告语

文景时期铜镜开始进入市场，在这个时期铜镜的铭文中，出现了许多类似现在广告词语句。如：见日之光天下大明、内清质以昭明、避除不祥宜古（贾）市、涷制铜华清而明等。日有熹镜铭文中，铸有"日有喜，月有富，乐无忧，常得意，美人会，芋瑟侍，贾市利，万事平"等字，意思就是天天有喜事，月月获财富，人们生活在快乐无忧的环境中，常常以得意的心情，享受着美人侍者吹竽弹瑟，而其中"贾市利，万事平"则是说自己铸造的铜镜受到欢迎而有利于市场买卖。不但说明了市场的繁荣，又歌颂了人们生活在太平盛世。这类铭文较少独立成篇，多与吉祥类铭文配合使用，作镜者为了达到推销产品的目的，极力迎合社会上诸色人等的心理，在铭文中标榜镜子的质量如何优良，宣扬购买或使用此镜能够带来诸多吉祥，相当于现在的商品广告，在一定程度上反映了汉代商品经济和商业文化发展情况。如"涷冶铜华清而明，以之为镜宜文章，延年益寿去不祥，与天无极而日月之光，千秋万岁，常乐未央""吾作明镜、幽涷三商、长宜高官、位至三公"。

4. 祈求长生不老，羽化成仙道家思想

汉代是我国道教形成和发展的重要时期，由先秦时期道家学说发展而来。道教对铜镜文化的影响，最为突出的在于修道升

仙思想大量向铜镜纹饰、铭文中渗透。如"上大山，见神人，食玉英，饮醴泉，驾蜚龙，乘浮云，宜官秩，保子孙，乐未央，贵富昌""尚方作竟真大好，上有仙人不知老，渴饮玉泉饥食枣，浮游天下遨四海，寿敝金石之国保"。如汉代四神镜、画像镜、规矩镜、神兽镜上多有羽人形象，另外汉镜铭文和纹饰中出现许多仙人的名字，如"东王公""西王母"等，据史料记载：东王公与西王母是中国历史上流传最为悠久的神话人物，西王母俗称"王母娘娘"，因为拥有长生不死和多子多福的能力，受到更加广泛的供奉和流行，成为道教中神形象和广大民众顶礼膜拜的对象。所有这些都可以看出道家思想对当时社会的影响。

5. 代表方位的四神图案

"四神"图案在两汉、新莽时期备受推崇，是较流行的一种图案。成为一种文化符号，铸于镜背，画于器表，不但图案精美，且寓意深刻美好。从四神规矩镜的镜背布局来看，其中充分体现了中国传统文化中的道家思维。道家的宇宙观认为天下分5个方位即东、南、西、北加中央。四神规矩镜背中心的钮代表着中央，以钮孔为中心形成子午线分出南、北。在四神规矩镜背钮座外至凹槽式方框内侧一般会有十二地支铭，对着钮孔子午线上侧为南、下侧为北，南方属火，北方属水，火向高处烧水往低处流，因此，在四神规矩镜背纹中正对着钮孔的铭文中会有一侧为午为南为上、另一侧必为子为北为下，以钮孔为中心与子午线呈垂直的方位两侧中心一侧为辰为左为东，另一侧则为酉为右为西。那么，这辰、午、酉、子分别代表了东、南、西、北4个方位。道家讲五行学说，认为天下万物都来源于金、木、水、火、土这五行，任何事物都要遵循它们运行的规律。方位即定，四神规矩镜背纹中的纹饰是严格按方位及五行的属性来配置四神各自的位置。镜背纹饰中既然有十二地支，那么在纹饰的内涵中必然对应十个天干。从四神规矩镜的背纹中配置的四神及十二地支所处的位置中，很明确的体现出了天干、地支、四神、五行之间的相互关系。东方甲乙属木配青龙，南方丙丁属火配朱雀，西方庚辛属金配白虎，北方壬癸属水配玄武，中央戊己属土。

三

隋文帝于公元581年统一天下，经过一系列改革，出现了"开皇之治"，使铜镜进入了一个发展的新阶段。隋代虽然只有两代君王，时间短暂，但是隋镜的数量却不少，给我们留下了许多遗存。隋代前期铜镜以四神十二生肖镜为代表，无论从形制还是花纹，都沿袭前朝的风格式样。四神铭文镜和瑞兽铭文镜的出现，标志着一种新的艺术风格的产生。唐代社会经济发展迅速，铸造业十分发达，铜镜以其先进的工艺、新颖的题材、华美的纹饰、灵活多样的造型，创造了铜镜制造业的又一鼎盛期。隋唐铜镜的发展经历了3个大的阶段：第一阶段隋至唐高宗时期，这时的铜镜沿袭传统因素较多，布局拘束严谨，分区配置纹饰，主题纹饰以灵异瑞兽为主，流行十二生肖镜（图152）、四神十二生肖镜（图153）、四神镜（图155）、瑞兽镜（图156、157）等。第二阶段唐高宗至唐德宗时期，此期创新品种最多，制作最精，纹饰最为绮丽。其中瑞兽葡萄镜、瑞兽鸾鸟镜、雀绕花枝镜流行于唐高宗、武则天及唐玄宗开元时期。雀绕花枝镜与瑞兽葡萄镜、鸾鸟镜有着一定的演变关系。瑞兽葡萄镜外区飞禽、葡萄枝蔓叶实相间旋绕的形式，已经显露出雀绕花枝纹样的端倪。人物故事镜流行于唐玄宗开元天宝至唐德宗时期，如三乐镜（图176）、仙骑镜（图168）等。第三阶段为唐德宗至晚唐，本院此期铜镜较少。

这一时期铜镜有以下4个特点。

1. 铜镜造型多样化

唐代以前，铜镜基本以圆形镜为主。到了唐代，铜镜制作在造型上有了重大突破，除传统的圆形、方形镜外，还创新出了各种花式镜，如葵花镜、菱花镜等。菱花镜于武则天长寿元年开始铸造，葵花镜稍晚于菱花镜，于唐玄宗开元十年开始铸造，这两种镜形多为八瓣、六瓣镜，也有大小花瓣间插排列，主要流行于盛唐、中唐期。花式镜是唐代铜镜标志化创新，使铜镜从单一造型走向丰富多样，从固定格式变为灵动自由布局。馆藏唐双鸾衔绶葵花镜（图172）、花鸟菱花镜（图166）等为八瓣菱形或者葵形，三乐镜（图176）为六瓣葵形等，充分展现了唐代镜形的多样性、丰富性，对唐以后铜镜形制的多样化起到了重要影响。

2. 纹饰题材多元化

从馆藏唐铜镜和目前公开资料看，唐代铜镜纹饰多样，内容丰富，从早期的以瑞兽等流行纹饰为主，到后来出现了瑞兽、禽鸟、花卉、葡萄并重的阶段，最后发展到了不再以瑞兽为主要纹饰，花卉、禽鸟、植物题材等相继流行。可以说唐代处于一种兼糅与孕变的阶段，并呈现出"百花齐放"的局面。瑞兽葡萄组合纹饰可以说是唐代镜纹的一项杰出成就。尤其是将连续式葡萄卷须与瑞兽纹组合在一起，折射出唐代的偏好和品位，它既是延续旧的传统，也吸纳着新的精神。花鸟纹样是唐代镜纹的主流时尚纹饰，多出现在葵花形和菱花形镜，流行于盛唐和中唐时期。其中雀绕花枝纹样是典型代表，标志着唐镜装饰纹饰从以瑞兽为主题的阶段过渡到以花鸟搭配为主题的新阶段。一幅幅禽鸟俊美，花枝俏丽，充满生活气息的图景，呈现出优美、轻快、自如的情调。

3. 构图布局自由化

唐镜构图布局一改汉代从镜钮到边缘作同心圆层层分布的圈带式布局，有的采用对称式布局图案，如双雁衔花葵花镜（图170）、双鸾奔马葵花镜（图171）；有的采用散点式布局图案，如宝相花纹葵花镜

（图174）；有的采用广画面式布局，如三乐镜（图176）、四神镜（图175）不再受内外区界的束缚，在镜背有限的面积上，可以更好地表现主题纹饰，所以这种镜大都布局疏朗；有的虽分内外两区，但外区狭窄，内区扩大，可以很自由的分布图案，如双鸾衔授葵花镜（图172），使图案变得简练明快、清新流畅。有的纹饰布满镜背，不留一点空白，如葡萄镜类（图159），彰显出富丽堂皇、灿烂辉煌的盛唐气象。

4. 工艺手法精湛化

从咸阳博物院馆藏文物看，唐镜采用了多种装饰技艺，如高浮雕（图158）、浅浮雕（图169）、减地（图178）等装饰手法来表现海兽、奔马、鸾鸟、葡萄等主题纹饰，辅助纹饰花草则以浅浮雕来表现。通过高浮雕或浅浮雕的技法使画面呈现出高低错落、主题分明的立体效果。在花草纹镜中，还利用线条阴阳、粗细、深浅的变化，对纹饰的分区和花草细节进行精致描绘，从而产生层次丰富、主次分明、虚实相间之美。唐镜不仅采用上述多种装饰技艺，而且熟练掌握了非常科学的金属配方，加大锡的成分，使铜镜更加明亮、美观又适用。

四

唐以后铜镜进入衰落期，宋代铜镜多镜体轻薄，颜色灰黄，不如唐镜一般银亮。新出现了带柄铜镜，如带柄梅花镜（图180）、带柄荷花镜（图181），改变了传统的执镜方式，成为以后铜镜重要的样式之一。人物故事镜最具想象力，采用高浮雕技法，人物突出，背景细致富丽，情节具有戏剧性，如童子花卉镜（图182）、唐王游月宫镜（图184）。双鱼镜是金代铜镜中最具代表性的（图185），浮雕的两尾鲤鱼摇头摆尾，镜背满布水波纹，与主题纹饰相得益彰，充满了灵动性。又如图186钮左方长方形框内有"镜子局官"4个字，还有一花押，这是官方铸造的标记。承安年号铭文镜在关中地区出土较多，咸阳博物院这件承安三年铸造的铜镜（图183），内区为4只瑞兽同向绕钮奔跑，形态似鼠，瑞兽间点缀几串葡萄。外区为一周楷书铭文，顺时针旋读"承安三年上元日，陕西东运司官造，监造録事任，提控运使高"26个字，"任"和"高"后各有一画押。上面有"陕西东运司官造"字样，是具有地域特色的一类镜子，铜镜上的刻款和铸款成为金代独有的特征之一，这也是我们断代的重要依据。

元代由蒙古族所建立，铜镜总体形制纹饰粗糙简陋，式样较少，但也不乏好的作品，可以说是："粗者甚粗，精者颇精。"如凤凰牡丹镜（图189），采用高浮雕铸造工艺，制作精致，纹饰饱满富丽，布局紧凑，器形硕大且厚重，就是铜镜中难得的精品。

明清是铜镜发展的尾声，明代铜镜数量不少，但造型和纹饰都形式化、简单化，缺乏艺术创造力。大量制作形式统一的杂宝镜（图190、图191）、方格铭文镜（图192）、素面镜（图201）等，内容为多子、福寿、科举等吉祥话语。明镜圆钮较大，顶部趋平，并在镜钮上铸铭文，是它的一个特点。

银锭钮是明代又一种流行的镜钮，它是断代的重要依据。清代铜镜体大而厚重，钮为圆柱形和平顶圆钮两种，铭文镜有的非铸造而为毛笔书写。清中期以后，随着玻璃镜的引入和传播，铜镜逐渐退出历史舞台。

后记

中国古代铜镜艺术是跟随中国历史文化的演进一步一步发展成熟起来的，具有很高的历史和美学价值。咸阳博物院馆藏文物数量众多，特别是铜镜，形成了很有特色的一类文物藏品。为使更多的人欣赏到这一历史文化瑰宝，咸阳博物院把馆藏历代精品铜镜编缀成书，希望为古代铜镜的研究做一些基础工作，进一步传承和弘扬咸阳厚重而又丰富的历史文化。

本书的编撰出版工作，在咸阳博物院的统一组织下开展，得到了各部门的大力支持和配合。院长马社强在本书的选题立意、资料收集和整理、资源投入等方面都给予高度重视和支持，亲自主导编撰和修订工作，确保了本书的高质量编撰和顺利出版。

承蒙董亚巍先生关心并为本书撰写了前言，讲述了铜镜发展的历程，特别是通过铸造工艺技术给铜镜排序断代，观点新颖，在以前同类著作中从未提及，具有很高的学术价值。本书的编写还得到家父周原博物馆原馆长罗西章、陕西省文物局原副局长刘云辉、咸阳市考古研究所原所长谢高文等专家教授的指导，在此一并表示感谢。

本书是一部面向海内外文博界和广大文物爱好者的专业图书，在编排体例上力求科学，在文字说明上力求准确通俗，版式设计上力求美观。由于时间仓促和水平有限，错漏之处，恳请大家批评指正。

罗红侠
2024 年 3 月